铸牢中华民族共同体意识 丛书

共铸中华之魂

新疆维吾尔自治区社会科学界联合会
新疆维吾尔自治区社会科学院

编

新疆人民出版社

图书在版编目（CIP）数据

共铸中华之魂 / 新疆维吾尔自治区社会科学界联合
会，新疆维吾尔自治区社会科学院编 .— 乌鲁木齐：新
疆人民出版社，2023.12
　（铸牢中华民族共同体意识丛书）
　ISBN 978-7-228-20843-2

　Ⅰ.①共…　Ⅱ.①新…②新…　Ⅲ.①中华民族—民
族意识—通俗读物　Ⅳ.① C955.2-49

中国国家版本馆 CIP 数据核字（2023）第 239310 号

铸牢中华民族共同体意识丛书
ZHULAO ZHONGHUAMINZU GONGTONGTI YISHI CONGSHU

共铸中华之魂
GONGZHU ZHONGHUA ZHI HUN

出 版 人	李翠玲	装帧设计	刘堪海
责任编辑	俞　康	责任技术编辑	邢晓梅

出版发行	新疆人民出版社
地　　址	乌鲁木齐市解放南路 348 号
邮　　编	830001
电　　话	0991-2825887（总编室）　0991-2837939（营销发行部）
制　　作	乌鲁木齐捷迅彩艺有限责任公司
印　　刷	乌鲁木齐市一龙祥瑞包装印务有限公司

开　　本	787mm×1092mm　1/16
印　　张	10.75
字　　数	140 千字
版　　次	2023 年 12 月第 1 版
印　　次	2023 年 12 月第 1 次印刷
定　　价	35.00 元
审 图 号	GS（2021）第 4554 号

"铸牢中华民族共同体意识丛书"
编写工作委员会

主　编

徐锐军　丁守庆

副 主 编

阿里木·亚可夫　杨和平　陈翰林　赵　妤　刘国防

钟广新　叶尔克西·胡尔曼别克　刘环玉

编　审

赵　妤　刘国防

撰　稿

田卫疆　叶尔克西·胡尔曼别克　刘环玉　齐清顺

马合木提·阿布都外力　买玉华　王旭送　堆　雪　徐伯夫

刘　戈　王治来　李元斌　阿依努尔·毛吾力提　刘千圣

高　方　周　轩　赖宇宁　刘　杉　李东海　李颖超　尉亚春

崔　斌　李爱民　刘文静　石梦华　贺朝霞　乌云高娃

吴爱军　刘国俊　邢文娟　郭　亮　玛依拉·吾拉音　李　凯

张芹芹　杨圆圆　刘建国　姑丽叶·阿不列孜

统　筹

王路博　刘　瑾　刘文静　李爱民

执行编辑

石梦华　贺朝霞　邢文娟

图片编辑

杨新才　马剑威

编　务

巴彦·沙肯　李尚书　李　凯　杨　巧　李友梅

总　序

党的十八大以来，习近平总书记立足我国统一的多民族国家的基本国情和实现中华民族伟大复兴中国梦的宏伟战略，多次强调"中华民族共同体意识"。从2014年5月第二次中央新疆工作座谈会提出"牢固树立中华民族共同体意识"，到2014年9月中央民族工作会议要求"积极培养中华民族共同体意识"，再到2017年10月党的十九大再次强调"铸牢中华民族共同体意识"，并作为习近平新时代中国特色社会主义思想的重要内容写入党章，铸牢中华民族共同体意识成为全党的共同意志和基本遵循。2020年9月，第三次中央新疆工作座谈会把"坚持铸牢中华民族共同体意识"纳入新时代党的治疆方略；2021年8月，中央民族工作会议强调，"做好新时代党的民族工作，要把铸牢中华民同体意识作为党的民族工作的主线"；2022 年 10 月，党的二十大报告强调，"以铸牢中华民族共同体意识为主线，坚定不移走中国特色解决民族问题的正确道路"。

中华民族共同体是我国各族人民在长期历史发展中形成的政治上团结统一、文化上兼容并蓄、经济上相互依存、情感上相互亲近，你中有我、我中有你、谁也离不开谁的民族共同体，是建立在共同历史条件、共同价值追求、共同物质基础、共同身份认同、共有精神家园基础上的命运共同体。中华民族共同体意识是国家统一之基、民族团结之本、精神力量之魂。铸牢中华民族共同体意识是维护各民族根本利益的必然要求，是实现中华民族伟大复兴的必然要求，是巩固和发展平等团结互助和谐社会主义民族关系的必然要求，是党的民族工作开创新局面的必然要求。铸牢中华民族共同体意识，就是要引导各族人民牢固树立休戚与共、荣辱与共、生死与共、命运与共的共同体理念。

紧紧围绕铸牢中华民族共同体意识这条主线，贯彻落实中央民族工作会议、第三次中央新疆工作座谈会、习近平总书记在新疆考察时的重要讲话重要指示精神，以及党的二十大精神，将中华民族共同体意识教育纳入新疆干部教育、青少年教育、社会教育，教育引导各族干部群众树立正确的国家观、历史观、民族观、文化观、宗教观，推动各民族坚定对伟大祖国、中华民族、中华文化、中国共产党、中国特色社会主义的高度认同，不断推进中华民族共同体建设，让中华民族共同体意识根植心灵深处，我们组织编写了"铸牢中华民族共同体意识丛书"。

"铸牢中华民族共同体意识丛书"由《共拓中华疆域》《共书中华历史》《共创中华文化》《共铸中华之魂》四个分册组成，按时间顺序，从古至今，用近百个故事生动讲述了新疆各族人民在中国统一多民族国家的历史演进中，与全国人民一道，共同开拓我们辽阔的疆域、共同书写我们悠久的历史、共同创造我们灿烂的文化、共同培育我们伟大的精神的壮阔史诗。

"铸牢中华民族共同体意识丛书"体现了四个特点。一是中华视角。坚持"新疆是中国领土不可分割的一部分，新疆各民族是中华民族血脉相连的家庭成员"立场，始终从"中华民族共同体"视角讲述新疆历史发展、民族发展、宗教演变和文化融合的史实。二是讲好故事。以讲故事的方式，通过近百个故事生动讲述历史，突出可读性、趣味性。三是图文并茂。每个故事中穿插有图片，既是故事的展现，也是内容的延伸，图与文相辅相成，相得益彰。四是通俗易懂。每个故事的讲述都力争使用广大人民群众读得懂、看得明白的通俗语言，突出故事的大众性、普及性。

历史不容篡改，事实不容否定。中国是统一的多民族国家，新疆各民族是中华民族血脉相连的家庭成员。我国各民族汇聚为一个大家庭，是中国历史发展的大趋势，也是中华民族发展的自然结果。回望历史，我国各族人民同呼吸、共命运、心连心的奋斗历程是中华民族强大凝聚力和非凡创造力的重要源泉。展望未来，实现中华民族伟大复兴，需要各民族手挽着手、肩并着肩共同努力奋斗。让我们高举中华民族大团结旗帜，在中华民族大家庭中像石榴籽一样紧紧抱在一起，构筑中华民族共有精神家园！

本丛书编写组

2023 年 11 月

目录

导　言

　　民族精神是民族文化的核心内涵，是一个民族赖以生存和发展的内在动力和精神支撑。在我国5000多年的历史进程中，中华民族形成了以爱国主义为核心的团结统一、爱好和平、勤劳勇敢、自强不息的伟大民族精神。这种民族精神一直以来都是中华民族繁衍生息、勇往直前的不竭动力，更是今天凝聚激励全国人民为实现中华民族伟大复兴的中国梦而共同奋斗的思想源泉和重要精神力量。

　　我们伟大的中华民族精神是各民族共同培育的，充分体现了多元一体的中华民族大家庭形成发展的轨迹和特点。在漫长的历史长河中，农耕文明的勤劳质朴、崇礼亲仁，草原文明的热烈奔放、勇猛刚健，海洋文明的海纳百川、敢拼会赢，源源不断注入中华民族的特质和禀赋，共同熔铸了以爱国主义为核心的伟大民族精神。昭君出塞、文成公主进藏、凉州会盟、瓦氏夫人抗倭、土尔扈特万里东归、锡伯族万里戍边等就是这样的历史佳话。近代以来，面对亡国灭种的空前危机，各族人民共御外侮、同赴国难，抛头颅、洒热血，共同书写了中华民族艰苦卓绝、气壮山河的伟大史诗。其中涌现出一大批各民族卫国英烈、建党先驱、工农运动领袖、抗日英雄、开国将领，为民族独立和人民解放作出了不可磨灭的历史贡献。"人心所归，惟道与义。"在百年抗争中，各族人民血流到了一起、心聚在了一起，共同体意识空前增强，中华民族实现了从自在到自觉的伟大转变。中华民族精神是各族人民共同培育、继承、发展起来的，已深深融进了各族人民的血液和灵魂，成为推动中国发展进步的强大精神动力。

新疆自古以来就是中国领土不可分割的一部分，新疆各族人民同全国人民一道共同开发了祖国的锦绣河山、广袤疆域，共同缔造了多元一体的中华民族大家庭，为开发、建设、保卫新疆作出了重要贡献。在此过程中，新疆各民族中灿若群星的前贤英烈、时代楷模展示出来的崇尚民族团结，维护国家统一，刚强坚毅、自强不息的伟大精神，给中华民族精神增添了新内容，注入了新活力，极大丰富了中华民族爱国主义精神的思想内涵。

以爱国主义为核心的民族精神和以改革创新为核心的时代精神，是中华民族生生不息、发展壮大的坚实精神支撑和强大道德力量，更是新时代动员和鼓舞新疆各族人民实现祖国统一和民族复兴、共圆中国梦的强大精神动力。当今世界正经历百年未有之大变局，我国正处在中华民族伟大复兴的关键时刻，中华民族精神必将激励着新疆各族人民在中国共产党的领导下，以社会主义核心价值观为引领，紧紧把握建设中国特色社会主义这个主题，围绕新疆社会稳定和长治久安这个中心工作，共同团结奋斗，共同繁荣发展，促进各民族交往交流交融，像石榴籽一样紧紧抱在一起，推动中华民族走向包容性更强、凝聚力更大的命运共同体，共同为实现中华民族伟大复兴的中国梦增光添彩，贡献力量。

本册收入的27个故事，只是新疆众多感人事例中的典型，它涵盖了不同时期新疆各族人民建设、保卫新疆的伟大实践和重要贡献，是新疆各族人民以爱国主义为核心的民族精神和以改革创新为核心的时代精神的集中体现。我们深信，这些可歌可泣的动人故事将极大丰富中华民族爱国主义精神的思想内涵，更是不断激励鼓舞各族人民锐意进取、共同团结奋斗、铸牢中华民族共同体意识、建设新时代中国特色社会主义新疆的精神动力。

"五星出东方利中国"：
两千多年前的美好祝愿

汉晋时期，中国西北部曾有个城郭小"国"——精绝（今新疆民丰），它的位置在尼雅河畔的一处绿洲上。1901年，英国考古学家斯坦因首次发现了尼雅遗址，经众多学者根据考古发现并结合文献考证，这就是《汉书·西域传》中记载的有"户四百八十，口

● "五星出东方利中国"汉代织锦护臂（出土于新疆民丰县尼雅遗址）

三千三百六十，胜兵五百人"的精绝故地。

尼雅遗址位于新疆和田地区民丰县以北约100公里的塔克拉玛干沙漠南缘，尼雅河下游末端地带。遗址以佛塔为中心，分布在东西宽约4—7公里、南北长约25公里的范围内。遗址内有房屋、佛塔、佛寺、场院、田地、果园、陶窑、墓地、畜圈、河渠、冶炼等各种遗迹百余处。

自从1901年尼雅遗址被发现以来，对尼雅遗址的探险、考古已走过了百余年历程。尼雅遗址出土了大量的文物，如木器、铜铁器、陶器、石器、毛织品、丝织品、钱币、佉卢文木简、武器、家具和稷、粟等粮食作物。

● 尼雅遗址古墓葬

1995年10月，考古工作者在尼雅遗址进行考古挖掘，在尼雅1号墓地100平方米的范围内共发掘出8座墓葬，随葬品丰富。其中一夫妻合葬墓内，男性尸骸的右臂上，系着一个式样特别的织锦。这件织锦色彩绚烂，文字雄健，纹样神秘。经过辨认，织锦上的文字是汉字"五星出东方利中国"。经文物专家鉴定，"五星出东方利中国"织锦是射箭时使用的护臂。

"五星出东方利中国"织锦呈圆角长方形，长18.5厘米，宽12.5厘米，以汉字"五星出东方利中国"、祥云、瑞草、珍禽、吉兽为组合图案,边上用白绢镶边,两个长边上各缝缀有3条长约21厘米、宽1.5厘米的绢带,其中3条残断。

经纺织考古专家分析和鉴定,"五星出东方利中国"织锦是由5组经线和1组纬线织成的五重平纹经锦。五重平纹经锦在汉代的织锦中极其少见,代表了当时织锦的最高水平。

"五星出东方利中国"织锦采用的青、赤、黄、白、绿五色,皆由秦汉以来广泛使用的植物染料所得。五色本应为青、赤、黄、白、黑,分别与五星的岁星、荧惑星、镇星、太白星、辰星相对应,实际上就是现在的木、火、土、金、水五大行星。织锦以绿色代替黑色,可能是因为黑色不够亮丽。

中国古代先民认为有"天人感应",特别重视观察天象,总结五大行星运动变化与人间吉凶祸福的关系的规律,归纳成一些经验术语。"五星出东方利中国"是中国古代占星用语中的吉祥辞。"中国"泛指黄河流域的中原地区,属当时的地理概念。"五星出东方"指五大行星在某段时期内,在日出前同时出现于东方。中国古代占星学家认为天象与政治、军事、经济、人事等紧密相关,"五星出东方"这一非凡的天象对中原王朝(中国)是大吉大利的。《史记·天官书》记载:"五星分天之中,积于东方,中国利;积于西方,外国用兵者利。"阴阳五行、"天人感应"思想是秦汉时期有绝对主导地位的思想,对中国人的心理有巨大的影响力,统治阶层非常重视利用这种思想来维护自己的统治。

汉代文字织锦造价成本很高,而且文字用语极为谨慎,因为有官

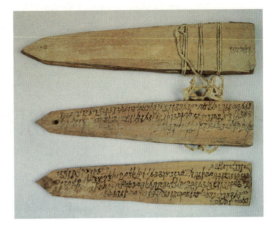

● 佉卢文木简（出土于新疆民丰县尼雅遗址）

方忌讳和民间禁忌。带有吉祥语文字的织锦多是政治性强的朝廷命令或封赏赐赠。"五星出东方利中国"织锦的质地和出土环境表明，这件织锦是朝廷官府专门织造的。同时出土的另外一件织锦上还有"讨南羌"三个字。两件织锦合起来就是"五星出东方利中国讨南羌"。有研究认为，当时的汉朝与边疆地区的南羌发生了战事，汉朝皇帝专门把带有占星吉祥语的织锦赏赐给当地贵族，希望用占星吉祥语鼓舞必胜的信心。

　　"五星出东方利中国"是两千多年前古人对中国的美好祝愿，承载着我国古代天文、地理、军事、交通、织造、美术、书法等多方面的历史文化积淀，被列为国家一级文物、中国首批禁止出国（境）展览文物。它的出土，被誉为20世纪中国考古学最伟大的发现之一。

（尉亚春编写）

李圣天：心向中原的于阗王

敦煌莫高窟第 98 窟主室东壁门南侧有一幅供养像，供养像中的人物高鼻大眼，头戴汉式冕旒（liú），上饰北斗七星，身着衮龙袍，服饰效仿中原帝王。供养像的榜题为"大朝大宝于阗国大圣大明天子"。此人便是五代、宋初时期西域地方政权于阗王国的统治者李圣天。

8 世纪中叶，中原地区爆发了"安史之乱"，西域防务空虚，吐蕃趁机攻占了天山南北的许多地方，安西大都护府和北庭大都护府相继被吐蕃攻陷，东西交通断绝。唐末、五代中原鼎沸，民无宁岁，西域各地尚未恢复与中原地区的联系。位于塔里木盆地南缘的于阗（今新疆和田），出现了一位心向中原、渴望统一的圣明统治者——李圣天。

李圣天，本名尉迟僧乌波。尉迟氏是汉唐以来执政于阗的王族。李圣天的先祖尉迟胜

大朝大宝于阗国大之天朝天子

● 敦煌莫高窟第98窟
东壁门南侧所绘于
阗王李圣天供养像

曾娶唐朝宗室女子为妻，并曾亲率于阗兵5000人参与平定"安史之乱"，深受唐朝肃宗皇帝李亨厚待，被拜为骠骑大将军。李圣天认为自己是"唐之宗属"，因而将于阗尉迟氏改为唐朝国姓李氏，自己取名为"李圣天"。李圣天执政于阗长达半个多世纪（912—966年），此期间于阗政治清明，经济殷实，农业、手工业、商业都获得较大发展，丝织业尤为兴盛。

心向中原，通贡中原王朝

　　五代时期，中原地区战乱不断，执政者自顾不暇，西域与中原地区的联系中断。李圣天目睹西域与中原地区隔绝，而自己偏居一隅，无能为力，心中悲愤不已。

为了恢复于阗王国与中原王朝的联系，李圣天派遣使团与中原王朝通贡。938年，李圣天派遣马继荣、张再通等人，携带贡物，怀揣对中原人民的深厚情谊，踏上通贡之路。马继荣一行历尽艰险，最终抵达汴京（今河南开封），向后晋王朝表达了归附之意。

后晋高祖石敬瑭备受感动，册封李圣天为"大宝于阗国王"，特地派遣供奉官张匡邺代理鸿胪卿，彰武军节度判官高居诲为判官，于938年底赴于阗颁行册礼。942年，李圣天再度派遣都督刘再昇献玉千斤及玉印、降魔杵等。此次入贡，李圣天的外甥——沙州刺史曹元深、瓜州刺史曹元忠，也派遣使团随之前往汴京朝贡。

948年，于阗王国又派使者王知铎等前往中原朝贡，后汉朝廷当即封王知铎为检校司空，判官秦元宝、副使张文达为检校左、右仆射，监使刘行立为检校兵部尚书。

960年，赵匡胤建立宋朝，李圣天获悉后立即派遣使团奔赴中原朝贺。961年底，使团抵达宋都汴京，就宋朝的建立向宋太祖表示祝贺，报告了于阗王国的情况，表达了归附之意，并进献用玉盒包装的圭、玉枕各一件。随行的于阗摩尼师又贡献琉璃瓶两个、胡锦一段。965年，于阗名僧善名、善法出使宋朝，于阗宰相借善名等赴宋之机给宋朝枢密使李崇矩写了一封书信，表达保持密切联系之意。

心仪中原文化

李圣天心仪中原文化，以唐朝正统自居，于阗的行政制度很多都是仿效中原王朝。如李圣天仿效中原皇帝建有自己的年号同庆（912—950年）、天兴（950—963年）、天寿（963—966年），职官体系中有宰相、枢密使等各级职官，与中原王朝无二致。于阗行政区划沿袭唐朝制度，"析十州"，都城称"安军州"。文化上，王族子弟皆取有汉名，宫殿建筑形式具有浓郁的中原建筑风格。服饰上，也是"衣冠如中国"，与中原王朝高度类同。

交好河西走廊归义军政权

早在李圣天之父执政时，于阗王国即与当时占据河西走廊的地方政权保持着密切关系，还曾将于阗公主嫁与自称"白衣天子"的张承奉。李圣天执政后，与河西走廊地方政权仍然保持着密切联系。据敦煌发现的文献资料记载，925年，于阗王国派使者出使位于沙州（今甘肃敦煌）的曹氏归义军政权。

李圣天为了巩固与曹氏归义军政权的关系，与对方进行了通婚联姻，李圣天将长女嫁给曹氏归义军政权统治者曹议金为妻，曹议金也将长女嫁给李圣天为妻。敦煌莫高窟第98窟主室东壁门南侧李圣天供养像旁，即是皇后曹氏的供养像。此皇后即是曹议金之女。

李圣天虽然身处西域边陲，但始终心向中原，积极维护祖国统一，永远为后人铭记。

（王旭送编写）

额敏和卓：苏公塔显忠心

新疆吐鲁番市东郊约 2 公里处葡萄乡木纳尔村的开阔台地上，耸立着一座砖砌结构圆锥形古塔——苏公塔（又名"额敏塔"，全称"额敏和卓报恩塔"）。苏公塔是新疆地区现存最大的古塔，塔基直径约 10 米，塔高 37 米。塔身浑圆，线条优美，由下至上逐层收分。塔内有螺旋形阶梯 72 级通往塔顶。塔身不同方向和高度砌筑有 14 个窗口。塔的表面分层叠砌出水波纹、四瓣花纹、三角纹、菱格纹等十几种几何图案。立身塔下，抬头仰视，就如置身于一幅复杂而变幻的装饰画前。苏公塔刚劲挺拔，造型别致，美观大方，建筑艺术精湛，是维吾尔族人民勤劳和智慧的结晶。这座质朴而庄严的古塔，承载着额敏和卓家族的传奇故事。

额敏和卓是清代康熙至乾隆年间吐鲁番地区的维吾尔族首领，世居鲁克沁（今新疆鄯善

鲁克沁镇)，一生为维护祖国统一、民族团结作出了巨大贡献。

　　17 世纪，准噶尔部贵族逐步统一卫拉特各部，盘踞天山南北，建立了自己的势力，试图与清廷对抗，并多次侵扰南疆地区和吐鲁番盆地。额敏和卓坚决拥护清政府安定边疆的政策，曾出粮支援清军。1720年，清军西征讨伐准噶尔势力，行军至吐鲁番，额敏和卓率众归顺清朝，摆脱了准噶尔部的控制，并协助清军在吐鲁番屯田。1730 年，准噶尔部围攻鲁克沁城，额敏和卓率众闭城坚守 40 天，击退了敌军的多次进攻，一直坚持到援军到达。1732 年，为了配合清政府平定准噶尔势力的整体战略，额敏和卓遵照雍正皇帝的旨意率鲁克沁万余居民东迁至今甘肃酒泉境内，以避免准噶尔部的袭扰。额敏和卓受封为札萨克辅国公。额敏和卓在此率众兴修水利，开荒种地，垦地达 3 万余亩。

● **历经沧桑的苏公塔**

1754 年，清政府决定直捣准噶尔部的大本营，收复伊犁。熟悉敌情、勇敢善战的额敏和卓奉诏率 300 名士兵远征伊犁，参加清军讨伐达瓦齐的行动，因表现突出，被清政府加封为镇国公。

1756 年，额敏和卓率所属居民 8000 多人自甘肃迁回吐鲁番盆地。吐鲁番莽噶里克发动叛乱，突袭辟展（今新疆鄯善），杀害清政府驻军统领和士兵 100 余人，并胁迫额敏和卓参加叛乱。额敏和卓力拒不从，固守鲁克沁城，并派人向清军通报，为清军平定叛乱创造了条

● 吐鲁番厅同知造赍回王世次迁移事实承袭姓名表册

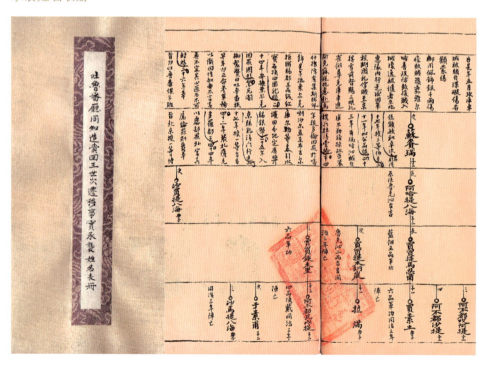

件。清政府加封他为贝子。

1757 年，南疆的部分台站被准噶尔部残余抢掠，驻台站兵丁被杀死。额敏和卓得知后，率兵前往驻扎，后随清军一起追击残匪，保护了台站的安全与畅通。同年，额敏和卓派人到喀喇沙尔（今新疆焉耆）等处侦察情况，为清政府平定大、小和卓叛乱做准备。1758 年，64 岁高龄的额敏和卓被清政府任命为参赞大臣，先后协助雅尔哈善、兆惠等人率军平定大、小和卓叛乱。额敏和卓积极争取招抚乌什霍集斯，因功授多罗贝勒，仍兼参赞大臣。在库车之战中，额敏和卓身先士卒，面部受伤。乾隆皇帝获悉，颁赐御用配饰及白银千两慰问，不久还赏赐额敏和卓三眼孔雀翎。1758 年底，额敏和卓随兆惠进攻小和卓据守的叶尔羌（今新疆莎车），由于兵力单薄，被围困 10 天。额敏和卓与兆惠一起英勇杀敌，一直坚持到清军前来接应，表现极为突出。为此，清政府嘉奖额敏和卓"郡王品级"。

1759 年，大、小和卓叛乱被平定，清政府晋封额敏和卓为吐鲁番多罗郡王，同时任命其为叶尔羌阿奇木伯克。额敏和卓在叶尔羌阿奇木伯克任上 4 年，协助清政府处理南疆事务，安置流民，兴办水利，开垦荒地，征收赋税，为当地社会的安定和生产的恢复做了大量工作。1764 年，额敏和卓奉旨入京朝觐，受到乾隆皇帝的接见，"命乾清门行走"。额敏和卓返回新疆后，为平定乌什暴动多方奔走，得到清政府的赏赐奖励，之后受命驻喀什噶尔（今新疆喀什）办事。1767 年，额敏和卓再次奉旨入京朝觐，被授为"御前行走"。这次额敏和卓在北京一住就是 5 年，做了不少有益于新疆地区稳定发展的好事。

1772 年，额敏和卓卸职回乡。1777 年，额敏和卓病逝于吐鲁番。

● 苏公塔碑

乾隆皇帝得知额敏和卓去世的消息，派人前往祭奠，并"加恩赏银五百两治丧"，其郡王爵位由其儿子苏赉璊承袭。为表彰额敏和卓一生的功绩，乾隆皇帝将额敏和卓列入五十功臣，在中南海紫光阁中为之挂像，并亲自题词，赞其"早年归正，命赞军务，以识回性，知无不言，言无不宜，其心匪石，不可转移"。这是对额敏和卓一生的高度概括和赞扬。

额敏和卓的一生是维护祖国统一、加强民族团结的一生。在他影响下，他的8个儿子，除长子因病早殇生平不详外，其余7个儿子在平定准噶尔部势力及大、小和卓叛乱的军事行动中均屡立战功，多次受到清政府嘉奖和表彰。

额敏和卓晚年安居在家，时时缅怀朝廷的恩德，深知自己一生能高官厚禄、主政一方，有赖于清朝皇帝的恩赐，有赖于祖国的统一，于是萌发了建塔念头，以示万世不渝的信念。额敏和卓病逝后，他的儿子苏赉璊将塔建成，完成了父亲的遗愿。

苏公塔塔门外侧立石碑一方，用汉文、维吾尔文两种文字阴刻而成。碑文记载建塔原委——是额敏和卓晚年为庆寿及报答清王朝对额敏一家的"天恩"，并使一生的业绩"以垂永远，可为名教"而建造。

几百年来，苏公塔默默屹立在吐鲁番绿洲上，见证着历史，见证着沧桑，见证着吐鲁番的繁荣昌盛、新疆的飞速发展，也见证着新疆各族人民维护祖国统一、民族团结的爱国心、民族魂。这是一座丰碑，一座维护祖国统一与民族团结的宏伟纪念碑，它屹立在中华各族儿女的心中，永远不倒！

（买玉华编写）

拳拳赤子心：土尔扈特万里东归

在新疆巴音郭楞蒙古自治州和静县，有两座东归英雄、土尔扈特部首领渥巴锡的塑像。一座在和静县城中心广场，另一座在团结东路东归旅游购物步行街入口处。位于中心广场的这座渥巴锡塑像，坐北朝南。只见渥巴锡骑在呈奔跑状的马上，左手拽着马缰，右手握着马刀柄，头略微扬起，深沉地注视着前方，仿佛心中正在酝酿着重大决策——土尔扈特部人一定要回到太阳升起的地方！

土尔扈特部是清代卫拉特蒙古四部之一。17 世纪 30 年代，原先游牧于我国天山北部草原的西蒙古土尔扈特部，以及部分和硕特部众，为了寻找更为广阔的草原，在其首领的带领下离开自己的牧地，越过哈萨克草原、乌拉尔河，西迁到了伏尔加河下游地区。在这片人烟稀少的草原上，他们开拓家园，辛勤劳动，繁衍生息。

土尔扈特部虽远离祖国，但和祖国的联系却从未中断，清朝顺治、康熙年间，时常遣使进贡。土尔扈特部人西迁后深深眷恋着故乡，他们用歌声表达着自己的思念：

> 在那高高的山冈上，
> 一片浓雾白茫茫，
> 土尔扈特我生长的家乡，
> 日夜思念想断肠。
>
> 在那重重的山冈上，
> 一片大雾白茫茫，
> 土尔扈特我美丽的家乡，
> 朝夕思念想断肠。
>
> 骑在黑色的骏马上，
> 策动缰绳脚步勿忙，
> 土尔扈特我神奇的家乡，
> 四季思念想断肠。

土尔扈特部人前后在伏尔加河流域生活了 100 多年，但随着沙俄的扩张，他们失去了安宁的生活。1761 年 1 月，19 岁的渥巴锡承袭汗位。沙俄当局利用汗位交替之机，政治上进一步控制了土尔扈特部，

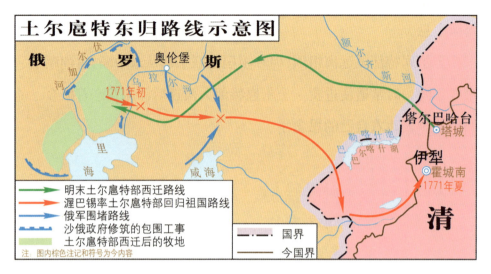

● 土尔扈特部东归路线示意图

不断征兵，给土尔扈特部人民带来了沉重的灾难。1762 年，沙俄当局
宣布要重建土尔扈特政权，使其成为俄国一个新的行政区，这样一来
土尔扈特部将会被完全吞并。

年轻的渥巴锡英勇善战，为人正直，富有强烈的民族自尊心，深
受部众爱戴。他深知沙俄称霸世界的野心无休无止，如果继续在沙俄
的控制下生活，整个部族将趋向灭亡。土尔扈特部人民不愿屈从于俄
国任其宰割，为求得民族的生存，他们决定东返祖国。

1771 年初，土尔扈特部众高呼"我们的子孙永远不当奴隶，让我
们回到太阳升起的地方去"，在渥巴锡的带领下，踏上了举世闻名的回
归祖国的万里征程。土尔扈特部 3 万多户约 17 万人的东返队伍，组成
3 路大军，经过半年多的长途跋涉，终于到达伊犁附近的卡伦。当时
任伊犁将军的伊勒图派锡伯营总管伊昌阿等官员在伊犁河畔迎接刚刚
抵达的渥巴锡等人，土尔扈特部终于回到了祖国的怀抱。

　　土尔扈特部完成了充满艰难险阻的东归征程，但也遭受了严重的损失，付出了巨大的代价。沙俄军队围追堵截，土尔扈特部一路恶战，加上疾病和饥饿困扰，出发时约有 17 万人，待抵达伊犁时"仅以半计"。土尔扈特部人用生命谱写了一部震惊世界的悲壮史诗。渥巴锡作为土尔扈特部首领，在反抗沙俄压迫与重返故土这一历史事件中，始终站在斗争的第一线，不愧为中华民族的英雄。

　　渥巴锡率众重返祖国，用行动证明了土尔扈特部反抗沙俄压迫、追求自由的英勇气概，其热爱祖国故土的朴素情怀彰显着对多民族大一统中国的政治认同和家国情怀。

　　游子在他乡遇到危机，倍加思念祖国；当

● 油画《东归》

● 清政府颁发给土尔
扈特部的银印

游子历尽艰难回到祖国的怀抱时，祖国也张开双臂欢迎游子回家。乾隆皇帝在得到土尔扈特部众抵达伊犁的奏报后，立即作出了安置、接济的决策 : 拨发库银 20 万两接济饥寒中的土尔扈特部众。在短短几个月里，从新疆、甘肃、陕西、宁夏及漠南蒙古等地调集了大批物资，支援东归部众，计有马、牛、羊近 20 万头，米、麦 4 万多石，茶 2 万余封，羊裘 5 万多件，棉布 6 万多匹，棉花近 3 万公斤，毡房 400 余具等。这些物资对当时贫困交加的土尔扈特部众可谓雪中送炭，帮助他们渡过了难关。这一切无不体现着中华民族长期形成的强大的向心力和凝聚力，以及手足相亲、守望相助的大家庭情感。

当年秋天，渥巴锡等人在承德避暑山庄受到乾隆皇帝的热情接待。乾隆皇帝亲自撰写了《土尔扈特全部归顺记》和《优恤土尔扈特部众记》两篇碑文，以满、汉、蒙古、藏四种文字镌刻于两块巨型石碑之上，立于承德外八庙普陀宗乘之庙内。石碑记述了土尔扈特部震惊中外的东归壮举，至今依然矗立在普陀宗乘之庙内。

土尔扈特部回归祖国 200 多年，人民没有忘记东归的英雄。自 2004 年起，新疆巴音郭楞蒙古自治州将 6 月 23 日定为"东归节"，每年的这一天，当地都举办民族体育竞技、才艺表演、民间文化展示等纪念活动。

土尔扈特部万里东归的爱国主义精神，永远是我国各族人民宝贵的精神财富。

（马合木提·阿布都外力编写）

西北孔道：打通抗日物资运输的生命线

在新疆乌鲁木齐市八路军驻新疆办事处纪念馆内，有一张用红粗线描绘的国际交通运输线示意图。抗日战争时期，就是通过这条联结亚欧的交通运输线，将国际援华物资源源不断地经我国新疆运往抗日前线。

中国全面抗战初期，为了避免将来陷入两线作战的困境，苏联成为中国抗战的重要支持者之一。1937年10月中旬开始，苏联将中国急需的飞机、航空和装甲设备、枪炮弹药等军用物资陆续运到中国。此后，两国先后签订了2.5亿美元的贷款条约，供中国政府购买"苏联生产之工业品和设备"。据不完全统计，从1937年9月到1941年6月苏德战争爆发，苏联向中国提供的军事物资有：飞机904架，坦克82辆，牵引车602辆，汽车

1516 辆，大炮 1140 门，机枪 9720 挺，步枪 5 万支，子弹约 1.8 亿发，炸弹 3.16 万颗，炮弹约 200 万发，以及其他军用物资。这些宝贵的援华物资如同雪中送炭，帮助中国在最困难的时刻顶住了日本侵略者的疯狂进攻。

与此同时，国民政府在兰州成立中央运输委员会（简称"中运会"），专门管理国际援华物资运输事宜。1937 年底，中运会在新疆成立分会，具体承办有关苏联援华物资运输事宜，开辟了西北国际运输线。西北国际运输线有陆路和航空两条线路：陆路是以苏联萨雷奥泽克（今哈萨克斯坦共和国萨雷奥泽克）为起点，经我国霍尔果斯、迪化（今新疆乌鲁木齐）、哈密至兰州；空中航线为苏联阿拉

● 装载苏联援华物资的卡车行驶在中国西北的公路上

木图（今哈萨克斯坦共和国阿拉木图）至兰州，后又开通了重庆至哈密再转至阿拉木图的航线。抗战后期，国民党政府又开辟了中印国际陆路运输线，由印度列城将美国援华物资运至我国新疆叶城，再用汽车转运至其他省市。

在 1937—1941 年的 5 年当中，中国抗战的大部分国际援助物资都是通过新疆运往前线的，新疆成为西北国际运输线的中心环节。

太平洋战争爆发后，日军占领了东南亚大部分地区，海上运输线被切断，其他陆路国际运输线，如滇缅公路等，也相继被封锁，新疆便成了国际援华物资输入中国抗日前线的唯一通道。西北国际运输线对中国的整个抗战有着举足轻重的作用，是抗战物资运输的交通生命线。为了阻断这条供养中国抗日力量的至关重要的命脉，打击中国人民坚持抗战的信心，自它开通后就遭到日军屡次破坏，如多次对兰州进行轰炸等。

苏联政府出动数百辆卡车，中国政府派出 2000 多辆汽车、5000 匹骡马、3500 峰骆驼，昼夜不停地在这条运输线上穿梭转运物资。然而，新疆原本脆弱的交通基础设施已很难承担起这样高强度的战略物资运输任务。

为了保障经过新疆的这条西北国际运输线的畅通，当年在新疆工作的中国共产党人和新疆各族民众付出了艰辛努力。中共驻新疆代表陈潭秋在向党中央报告工作时指出："保证这条交通线的畅通是我党在新疆工作的重要任务。"毛泽民主持新疆财政厅工作期间，要求将涉及西北国际运输线的公文放在一切公文之先，随到随办，不分昼夜。

在新疆的中国共产党人时刻牢记着这一艰巨而光荣的使命，积极做好援华物资转运工作，全力以赴组织各族民众修筑、维护道路，护送、搬运物资，维修来往车辆。

"不怕山高，不怕无边的戈壁，不怕风霜雨雪，我们为了新新疆的建设，大家一起用力……"这是1939年5月《新疆日报》上刊登的一首《筑路歌》。通过《筑路歌》，我们仿佛可以看到当年新疆各族人民唱着这首劳动之歌建设西北国际运输线的场景。

伊犁果子沟是翻越天山通向国内其他省市的必经之路，也是出了名的险路、难路。以前赶马车经果子沟到迪化要走一个月，坡陡的地方一匹马拉车根本上不去。为了快速运输苏联援华物资，必须在最短时间内把这个"老大难"路段改造成"大动脉"。为了赶工期，新疆各族群众自备工具和干粮，在极为艰苦的条件下夜以继日地开挖道路，只用了短短20天时间就打通了这条主干道。为了加快进度，各族群众还展开激烈的劳动竞赛活动，将抢修西北国际运输线推向了高潮。当第一批苏联援华物资经过果子沟的时候，人们看到沟里多了13座新坟茔，他们是为抢修这条国际运输线而牺牲。

新疆10万各族军民组成的筑路大军，成为保障西北国际运输线畅通的坚强后盾。在伊犁，3000多名群众24小时轮班奋战，修建简易机场；在哈密，飞机组装厂、武器修理厂和地面转运站同步开建；在天山深处、戈壁大漠，标准化的野战公路一尺一尺向前延伸……不到一个月的时间，整条公路和沿线11个地面中转站、6座飞机场，还有数百座桥梁，多个加油站、汽车修理厂、仓库全面竣工。西北国际运输线建成后，当时的苏联驻华大使一站一站地进行全程考察，结

● 运送援华物资的驼运队

果他看到，运输通道建设标准很高。中方工作的细致是苏方没有想到的，他感慨地说："西北大通道显示了中华民族的智慧和能力，有如此坚毅、勤奋、敬业和善于创造的人民，何愁抗战不能胜利！"

　　1943 年，在中印国际陆路运输线上，一支由青年学生和新疆百余名少数民族驼工组成的驼运队，赶着骆驼、马匹、牦牛，徒步翻越喜马拉雅山脉和喀喇昆仑山脉，由印度列城将美国援华物资经我国新疆转运到其他省市。他们不仅需要克服极其恶劣的自然环境、变化多端的天气、难以忍受的高原反应，还需要沿途一路做记号，埋藏好回程所需的草料、口粮。十数名驼工因高原反应或失足不幸牺牲，马匹和骆驼也损失几近 10%，终于在 1944 年底完成了这次驼运任务。这是中国抗战史上最壮烈的一次高原人力运输。通过这条国际驿运路线，这支驼运队共运回汽车轮胎 4444 套、军用布匹

782 包、装油袋 588 件、呢料 63 捆，另有汽车零件和医疗器械等，给抗战前线带去了极大的物质支援和精神鼓舞。1945 年 8 月，日本宣布无条件投降，这条运输线和这支驮运队才正式结束了使命。

抗日战争时期，新疆各族人民团结一心，共同支援抗战前线，为抗日战争的胜利作出了卓越贡献。这条用血肉筑就的抗日物资运输交通生命线，是新疆各族人民与全国人民一道奋起反抗外来侵略、共赴国难的历史见证，它的功绩将永载史册！

（买玉华编写）

军垦芳华：
"戈壁母亲"的青春之歌

1949 年 9 月，新疆和平解放，全国一片欢腾，但稳疆固边的形势依然严峻。1950 年 1 月，为巩固边防、加快发展，减轻新疆当地政府和各族人民的经济负担，驻疆中国人民解放军将主要力量投入到生产建设之中。1953 年 5 月，十六师改番号为中国人民解放军新疆军区农业建设第五师；6 月，十七师更名为中国人民解放军新疆军区农业建设第六师，步兵第五师整编为中国人民解放军新疆军区农业建设第一师。1954 年 10 月，为了祖国领土完整和边疆安宁，毛泽东主席发布命令："你们现在可以把战斗的武器保存起来，拿起生产建设的武器。当祖国有事需要召唤你们的时候，我将命令你们重新拿起战斗的武器，捍卫祖国。"新疆近二十万官兵及家属集体就地转业，组建中国人民解放军新疆军区生产建设兵团（以下简称"兵团"），劳武结合，屯垦戍边。自此，兵团战士一手拿枪、一手拿镐，不穿军装、不拿军饷，展开了一幅战天斗地的壮丽画卷。

为解决男女比例悬殊问题，让官兵安下心来扎根边疆，新疆军区从湖南、山东等地招募了大批女兵。1950—1952 年，约 8000 名湖南女兵和 2 万名山东女兵入疆，她们后来成为第一代兵团人的妻子，被誉为"新疆戈壁上的第一代母亲"。

1952 年，为能参军去新疆，16 岁的湖南妹子戴庆媛验兵时偷偷在口袋里装上石头和铁锁增加体重，"惊险"通过部队体检。3 月，戴庆媛与同批湖南女兵从长沙出发，坐两天火车到达西安后，改乘部队卡车向新疆进发。一路上，为防土匪和国民党残余袭扰，女兵们盘起头发，戴上帽子，将携带的雨伞伪装成"机枪"，应对可能出现的意外。同年入疆的山东女兵，分批从青岛、济南等地乘火车，到西安或兰州

● 1951 年 6 月 3 日，新疆招聘团离别长沙前合影留念

● 原六军十七师的山东女兵们 60 年后再相会

后转乘汽车，一个多月后才到达新疆。在迪化稍做休整后，她们被分散到天山南北的和田、喀什、阿克苏、伊犁、阿勒泰等地的钢铁厂、水泥厂、修配厂、棉纺厂……千古沉寂的戈壁荒漠，涌来滚滚车队和斗志昂扬的女兵们，激情点燃了苍茫的旷野。几年后，她们陆续脱下军装，转业到新疆各地的团场和县市，继续屯垦戍边的使命。

　　"滚滚黄沙遮住天，茫茫盐碱连成片；满目荒凉杂草生，野兽出没无人烟。"这是当年兵团战士自编的顺口溜。新疆干旱少雨，到处是荒野和戈壁，自然环境恶劣，加上生产力低下，生活极其艰苦。那时的女兵和男兵一样，克服了常人难以想象的困难，住地窝子，喝涝坝水，扛着农具开荒生产。戈壁上没有路，没有树，没有人烟。没房子住，就在戈壁滩上搭帐篷、挖地窝子。晚上睡觉，躺在床上能看见星星。冬天冻得睡不着，早晨起来头发、眉毛上结满冰霜。遇到刮风天，脸上得蒙块挡尘土的布。有时睡到半夜帐篷被大风掀翻、刮跑，只好四处寻找散落的衣被和盆盆罐罐。小孩子上学，生怕被大风刮跑，就在书包里放块大石头。

最恼人的要数夏天的蚊子和冬天的大雪。蚊子成群结队，疯狂袭人，手在脸上一抹就是一把。为防蚊子叮咬，大家跳着脚吃饭，或在脸上、手上涂上草木灰，有人还洗泥水澡，浑身糊一层黄泥。大雪天，寒风刺骨，走路直不起腰、迈不开腿，手掌、鼻子和耳朵迅速被冻麻木。地窝子随时会被大雪掩埋、封堵，需要外面的人帮助掏开门。

面对恶劣环境中的种种困难，女兵们没有退缩。投身军营，建设边疆，大家都有极强的荣誉感和上进心，有红旗就扛，有第一就争！开荒造田，拦河筑坝，修渠引水，打坯盖房……她们样样都不比男兵差。

男大当婚，女大当嫁。可是繁重的劳动和艰巨的工作，使女兵们少有机会接触男性。其时正值《中华人民共和国婚姻法》颁布不久，

● 参加"八千湘女"进疆66周年座谈会的"湘女们"合影留念

男女婚恋自由。可戈壁滩地广人稀，很多女兵只有靠组织介绍、领导牵线找对象，然后自愿组成家庭。婚礼更是从简，大多是集体婚礼，分包喜糖了事。婚房多半是轮流使用，夫妻平时就住在各自的集体宿舍。就这样，她们硬是坚持了下来，无怨无悔。坚韧生命的结合，如大漠胡杨、戈壁红柳，因为坚韧，逐渐有了相守的温暖和相爱的期许。地窝子里传出婴儿清亮的啼哭，成为荒原上最美妙、最动听的晨曲。

有了家庭，女兵们就得付出双倍的辛劳。她们白天与男兵一样生产劳动，晚上回家还得料理家务。白天挤不出时间，很多洗洗涮涮、缝缝补补的活儿，只好留到晚上或雨雪天做——这是第一代兵团母亲含辛茹苦的岁月剪影。新疆辽阔的土地，部队火热的熔炉，把年轻的女兵们锻造成了有信仰、有追求、有主见、有毅力的"钢铁战士"。在艰苦岁月里摸爬滚打、忍辱负重，她们最懂得同甘共苦的含义，最明白相依为命的价值。苦难淬砺的生活，使她们的婚姻和家庭也呈现出朴素、坚实而牢固的质地。

山东女兵金茂芳，是拓荒队伍里的杰出代表。1952 年 9 月入伍进疆的她，1955 年和丈夫就地转业，成了第一代军垦职工。她用军人的执着、女性的细腻养护着机车，7 年干了 22 年的活儿，成为新中国第一代女拖拉机手。1960 年我国发行的第三套人民币壹圆纸币正面图案中的人物——女拖拉机手，金茂芳是原型之一。她驾驶过的那台苏式拖拉机，至今陈列在石河子市新疆兵团军垦博物馆内，成为国家一级革命文物。

兵团第二师铁门关市有座"十八团渠纪念碑"。当年，为把孔雀河

水引到吾瓦镇军垦农场，战士们要去 5 公里外
的天山脚下背石头，每天得背七八趟。有一天，
女兵吴素梅捆石头的绳子磨断了，情急之下，
她剪下自己心爱的发辫，接好绳子继续背。这
是一个美得让人落泪的真实故事。60 多年来，
渠水奔流不息，浇灌着库尔勒垦区的 30 多万亩
良田，而那个为修渠用发辫接绳的女兵，也永
远为人们所铭记。

　　1957 年，为了打通新疆南北疆之间的交通
障碍，王震将军亲自筹划修筑了一条翻越天山
的公路，这就是著名的乌（乌鲁木齐）库（库

● 20世纪60年代，
大批上海知青来
到新疆

车）公路。在那支翻山修路的大军中，田桂芬、刘君淑、姜同云、陈桂英、王明珠 5 位女兵不畏艰险，和男兵一样在海拔 4200 多米的冰峰雪山上抡锤打钎、点火放炮、开山筑路，被誉为"冰峰五姑娘"。后来，她们当选为"新中国屯垦戍边 100 位感动兵团人物"。

1963—1966 年，四五万上海女知青响应党和政府"到农村去，到边疆去，到祖国最需要的地方去"的号召，毅然告别繁华都市，远赴新疆戈壁荒漠，为祖国的边疆建设作出了不可磨灭的贡献。

这数万名上海女知青，大多数被分配到兵团农一师、农二师和农八师的农业生产一线。1964 年 5 月，从上海团校支边新疆的倪豪梅，辗转 8 天到达沙井子十五团农场。艰苦的生活并没有吓退这个江南女子，她和男同志一样开荒、种地、挖大渠，和他们摽着干，挑担子，推

● 周恩来总理在石河子接见上海支边青年

车子，暗中较劲，有时被别到沟里爬起来再比。凭着一股"不服气、不认输"的劲，她从一名普通知青一路走到了新疆生产建设兵团副政委、党委常委，中华全国总工会副主席的岗位，根据其事迹采写的报道《将军从来就是兵》刊登在 1996 年《中国妇女》杂志上。"历史贡献与托木尔峰共存，新的业绩同塔里木河长流。"这是 1985 年 7 月时任中共中央总书记胡耀邦考察新疆时给上海支边青年的题词，也是对他们历史功绩的肯定和鼓励。

　　现今，兵团七八十岁的老人中，很多是 20 世纪五六十年代从祖国各地来支边的女兵和女知青，她们怀着一颗赤子之心来到遥远的戈壁大漠，一干就是一辈子。她们把火红的青春和滚烫的血汗挥洒在了这片古老而年轻的土地上，"献了青春献终身，献了终身献子孙"，她们就是"热爱祖国、无私奉献、艰苦奋斗、开拓进取"兵团精神的最美书写者。

（堆雪编写）

塔里木大学：为兴疆固边服务

在新疆，特别是在南疆地区，说起位于塔克拉玛干沙漠边缘阿拉尔市的塔里木大学，可谓家喻户晓。

塔里木大学创办于 1958 年 10 月，当时名为"塔里木河农业大学"。1960 年，在时任农垦部部长王震的支持下，扩大办学规模，改称"塔里木农垦大学"。1977 年秋恢复高考，塔里木农垦大学直属农业部；2003 年，获得硕士学位授予权；2004 年 5 月，经教育部批准，更名为"塔里木大学"，为中央和新疆生产建设兵团共建；2018 年，塔里木大学获得博士学位授予权。如今，塔里木大学已发展成为一所以农科为优势，以生命科学为特色，农、理、工、医、文、管、法、经等多学科协调发展的综合性大学。

南疆地区曾属于连片贫困地区，条件艰

苦、人才稀缺一直是制约其发展的瓶颈。为此，扎根南疆、服务南疆，为南疆地区发展培养人才，是塔里木大学建立之初就担负的责任和使命，也是学校改革发展的出发点和落脚点。

针对南疆地区缺医少药，部分群众因病返贫的现状，2018年秋，塔里木大学迎来首批来自全国各地的110名医学专业新生，他们中的绝大多数人毕业后留在了南疆基层医院，为缓解当地缺医少药状况贡献了力量。从发现问题、提出设想，到建设医学院，再到完成首届招生，塔里木大学仅用了不到三年时间。

南疆地区急需懂双语的基层干部人才。塔里木大学根据南疆地区的需要，调整了人才培养方案，实施"双语双向"行动计划，让毕业生在学校就掌握双语。为此，塔里木大学将"应用维吾尔语"和"应用维吾尔语实践"作为必修课，纳入汉语言课程中，针对不同专业，构建起了能够确保培养出"懂经营、会双语、能创新、会管理"的毕

● 1960年，王震将军（前排右四）来到塔里木河农业大学视察工作

● 今日塔里木大学校区

业生全覆盖实践教学体系。

新疆棉花种植70%集中在南疆地区。塔里木大学棉花科学学院采用分段式联合培养模式，增强了学生的科研和实践能力，2017届毕业生95.7%留在了新疆，成为棉花产业一线的骨干力量。

塔里木大学在人才培养上紧贴南疆地区实际，根据南疆地区产业升级需要进行调整。如今，学校大力发展工科专业，调整优化专业结构，确保把学生培养成政治上可靠、专业上过硬、具有创新精神的应用型、复合型人才。60多年来，学校为国家培养输送毕业生6万多名，其中87%在新疆就业，72%植根南疆，其他省市生源有60%以上留在新疆工作。

塔里木大学动物科学与技术学院教授高庆华在南疆农村调研时发

● 王震将军与学校师生在一起

● 彭壮瑜（右）是塔里木大学 65 届毕业生，当选为第十五届全国人大代表

现，这里的农民都有养羊的习惯，但养殖方式很传统，虽然家里养了二三十只羊，收益却不高，赚不到多少钱。回到学校后，他下定决心进行科技攻关，发明出了"异种羊高效低温保存稀释液"技术，并申请了专利。这一科技成果不仅把种羊的利用率提高了 20 倍，而且能够有效延长种羊精液保存时间，农民经过简单培训就能操作，大大降低了人力成本。因为简单易学，这项技术很快在养殖户中推广开来。

"过去一只羊只能赚 200 元，高教授的技术让我养的羊一只能赚 500 元。"牧民吐拉克依靠高庆华发明的技术脱了贫。

高庆华的"异种羊高效低温保存稀释液"技术很快被几家公司"盯"上，提出高价购买其专利，但都被他拒绝了。"我发明这项技术的初衷不是为了赚钱,而是为了让南疆老百姓能受益。"高庆华说。这之后，他在喀什、和田等地区无偿推广这项技术。如今，这项技术已经在南疆地区实现了全覆盖，促进了南疆地区养殖业的发展。

● 与生产实践紧密结合，是塔里木大学教学育人的重要特色

　　紧盯南疆地区产业发展瓶颈和难题开展科研攻关，是塔里木大学科研工作的一大亮点。无论是田间地头农民生产中遇到的实际困难，还是产业发展中急需破解的难题，塔里木大学的科研工作者们都会一一记在心上，并以此为出发点，寻找解决问题的科学方法。在塔里木大学，科研工作者有个传统，那就是始终将解决南疆产业发展中遇到的瓶颈和难题作为自己的初心来追求。一代代塔里木大学人走遍南疆的角角落落，大到产业调整研究，小到如何在果园里种植高产农作物，破解了一个又一个难题。

　　塔里木大学每年都有100多人的科技特派员队伍活跃在南疆大地，被老百姓称为"科技贴心人"。即使在寒暑假，只要老百姓打个电话，这些专家教授和科技特派员也会收拾好行李，赶到田间地头指导农民耕作。

　　塔里木大学植物科学学院教授张锐，博士毕业一年后便主动加入学校科技特派员队伍中，远赴600公里外的和田地区墨玉县、洛浦县农村，以及新疆生产建设兵团第十四师、第三师基层团场从事科技服务。

　　因为怕错过修剪期导致减产，给果农的收益造成损失，她不顾长途奔波的辛劳，更不顾自己有孕在身，坚持到田间地头指导果农修剪核桃树。第二年，又到了指导果农修剪核桃树的季节，孩子才 5 个月大，还没断奶，家里没人照顾，她只得抱着孩子来到核桃地，一边照顾孩子，一边指导果农。

　　张锐的努力和付出没有白费。2012 年，她开展科技服务前，塞先巴扎村核桃亩产只有 150 公斤左右，如今核桃亩产已达到 300 公斤，每亩增收 1500 多元。

　　后来，张锐在乡里建立了修剪队，对队员们进行培训指导，把科技服务的面进一步扩大。现在，修剪队已经覆盖了整个和田地区，成为果农们增收致富的重要技术力量。

　　地处沙漠边缘的塔里木大学，曾有两次搬进城市办学的机会，但都被塔里木大学人拒绝了。60 多年来，塔里木大学以兵团维稳成边事业为根，牢记兵团职责使命，奋发图强，创造了"沙漠学府"一个又一个辉煌奇迹。

（高方编写）

共和国"功勋矿"：
可可托海三号矿脉

在新疆阿勒泰地区富蕴县可可托海镇额尔齐斯河南岸的一座山头上，有一个南北长 250 米、东西宽 240 米、深达 200 米，内壁环绕螺旋状盘山运矿车道的巨型"天坑"。它就是半个世纪以来神秘莫测，近年来才逐渐走进公众视野的"中华聚宝盆""功勋矿坑"——三号矿坑。

在大多数人看来，人类的行迹之于强大的自然总是显得那样渺小。但是，这个颠覆了人们想象力的巨大矿坑，却是可可托海人用铁锹、钢钎、铁锤、十字镐等工具，用半个多世纪的时间，在坚硬的花岗岩、大理石上一点点凿出来的。20 世纪五六十年代，这个长期隐姓埋名、代号为"111"的神秘之地，有将近 4 万人在偌大的矿山上挖掘、钻探、爆破、挑拣，在飞扬的粉尘中忙碌、穿梭……

20世纪三四十年代，就在中华民族全面抗日、救亡图存之时，嗅觉灵敏的苏联人就已经在这里开始了他们的"掘金"之旅。据说当年有个苏联地质学家在额尔齐斯河的泥沙里发现了稀有矿石的踪迹，于是逆流而上，一路追踪。1935年，苏联地质队正式进入阿尔泰，发动当地牧民四处采集矿石标本并加以收购，经过重重筛选，终于在可可托海找到了梦寐以求的稀有金属矿脉——三号矿脉。

可可托海三号矿脉是世界上已知最大和最典型的含稀有金属矿的花岗岩脉之一，内有86种矿物共生，富含锂、铍、钽、铌、铯等多种稀有金属，储量之丰、规模之大、矿种之多、品位之高、成带之分

● 可可托海三号矿坑

● 原中苏有色及稀有
金属股份公司矿场

明，世界罕见。

当时，积弱积贫的中国并没有对这个储量惊人的"聚宝盆"加以重视。因此，20 世纪 40 年代初到 1950 年 3 月，可可托海矿区的勘探与开采一直由苏联人把持。他们从伊犁、塔城、阿尔泰等地招来矿工，仅给予微薄的报酬。

新中国成立后，1949 年 12 月，毛泽东主席亲赴莫斯科，促成了 1950 年 2 月《中苏友好同盟互助条约》的签订。据此，中苏有色及稀有金属股份公司阿山矿务管理处成立，拉开了中苏共同开发建设阿尔泰地区稀有金属矿山的序幕，可可托海成为新中国稀有金属开采开发技术和人才培养的摇篮。1954年9月，赫鲁晓夫访华，决定将中苏有色及稀有金属股份公司归还中国。1955年1月1日，中国正式收回可可托海矿区全部企业经营权。当家做主、独立经营后的可可托海矿山人，从此走上"打破洋框框，走自己工业发展"的开拓之路。

1960年7月，苏联单方面撕毁对华经济援助协议，撤走专家，逼迫中国于1965年前还清巨额外债。此时恰逢我国三年困难时期，工业尚在起步阶段，债务主要用农产品偿还。为此党中央作出决策：用苏联急需的稀有金属矿产品抵债。因为一吨稀有金属矿产品比几十吨甚至上百吨农产品的价格还要高，以矿产品抵债既能省下粮食缓解人民生活困难，又能加快债务偿还速度。于是，一场声势浩大的"全力以赴保出口百日大会战"开始了。

1960年严冬，上级给可可托海矿务局下达了突击任务：冬季开工，百日会战，开采出口当时苏联急需的稀有金属矿石。

可可托海一年中有半年时间是冬季，有"中国第二寒极"之称。这年冬天，室外气温降至零下40摄氏度左右，积雪深达一两米，工人们就在这样的条件下开始了大会战，在寒风大雪中采矿、选矿。由于时间紧、任务重，可可托海矿务局采取军事化管理，最好的工人、最强的技术人员都被编进采矿营。当时粮食供应不足，为优先保证采矿一线粮食供应，矿务局实行配给制：每人每天采矿工人6个馒头、车间工人4个馒头、机关人员4碗糊糊。冰天雪地中，参加会战的每一个人心里始终燃烧着熊熊的信念之火。他们敢于和冰雪岩石硬碰硬的勇气，敢于和严寒饥饿作抗争的精神，令日月动容。

● 原中苏有色及稀有
金属股份公司矿场
入口

　　剥离矿石前，工人们得先将冰雪和坚硬的
冻土层融化、挖掉，再用钢钎和榔头挖坑后爆
破。下雪天，运输车上不来，就用马拉爬犁和
毛驴驮矿石出坑、下山，或直接人背肩扛。有
的人手被冻伤，有的人脚趾被冻坏，但每个人
都饿着肚子咬牙坚持，轻伤不下火线，每天工
作 15 个小时以上。在没有先进设备的年代，可
可托海矿山人用钢铁般的信念和意志，夜以继
日，拼命苦干，完成了常人难以想象的采矿、
选矿工作，提前完成"保出口"任务。成千上
万吨绿柱石、锂辉石、钽铌铁矿石、铯榴石出
口到苏联。在"保出口"的同时，出自三号矿

脉的稀有金属，还为祖国"两弹一星"的成功完爆与发射及国防建设立下了不朽功勋。

从可可托海镇向西去往铁买克乡的路旁有片山坡，曾经是一个代号为"88-59"的选矿厂。马拉、手拣、肩扛的年代，矿工们披星戴月，昼夜拣矿，每天要处理500余吨矿石……如今，选矿厂早已废弃，这片山坡已成了安葬建设者的墓地。由于条件艰苦，加之防护设施简陋，半个世纪里，可可托海矿山共有1.3万多人接受过矽肺检查和治疗，近百人因矽肺为国献身。

1999年11月，三号矿脉露天采坑因锂资源枯竭闭坑。21世纪初，随着国际、国内市场对氧化铍需求的日益旺盛，蕴藏氧化铍矿石的三号矿脉再次引发外界关注。2007年5月，三号矿脉恢复露天开采，并

● 可可托海矿区工人工作场景复原图

● 可可托海世界地质公园

于 2010 年 7 月转为地下开采。

2013 年初，可可托海三号矿脉被国土资源部批准为国家矿山公园。于此，这座有着半个多世纪开采史的英雄矿山、功勋矿脉，拥有了新的历史使命，以其独特的地质魅力、历史功绩和文化内涵成为工业旅游及红色旅游的新景区，成为"两弹一星"爱国主义教育基地。

一位游客在参观了三号矿坑后热泪盈眶地说："每一个中国人都应该来可可托海看一看，看一看为共和国偿还了五分之二外债的三号矿坑！"

如今，三号矿脉露天采坑虽然闭坑多年，但英雄的可可托海人留下的"吃苦耐劳、艰苦奋斗、无私奉献、为国争光"精神，已经成为人们的精神"富矿"。撼人心魄的三号矿坑，就像高悬的太阳蘸着鲜红的印泥摁在大地之上的巨型指纹，成为历经苦难走向辉煌的新中国留在这里的历史印痕。

（堆雪编写）

互帮互助，亲如一家：
流淌在兰新铁路上的大爱真情

兰新铁路是新疆通往祖国各地的铁路运输干线，是构成中国西北地区铁路网络的重要组成部分。这条集中国自然地理和人文地理之大成的钢铁运输线沿线，既有水草丰美的高山草原，又有寸草不生的戈壁荒滩；既有新兴的工业城市，又有文化璀璨的古邑；既有瓜果飘香的绿洲，又有狂风怒号的"百里风区"。

在兰新铁路上，每天都上演着各民族互帮互助、亲如一家的感人故事，流淌着民族团结、休戚与共的大爱真情。

1987 年 7 月 27 日，正值新疆汛期，突如其来的山洪冲毁了兰新铁路主线在吐鲁番西部的多段路基，兰新线因此中断行车 120 个小时多，大批旅客困滞沿线。由兰州运行至哈密的 9 列客运列车、1.2 万名旅客滞留在哈密火车站

5 天 5 夜。当时只有 10 万城区人口的哈密市，有 6 万人次自发为滞留旅客送水送饭、排忧解难，奏响了一曲感天动地的民族团结颂歌。

铁路职工家属古尔尼沙·库尔班用自家的羊肉和白面做了热气腾腾的汤饭给滞留旅客送去；住在火车站附近的唐俊英老人看到带着孩子的滞留旅客吃不饱、睡不好，便主动把他们接到自己家里免费吃住；许多满怀爱心的个体户在火车站广场为滞留旅客免费供应餐饮……

8 月 1 日，即将离开哈密火车站的万余名滞留旅客拉着横幅，高呼："新疆人民亚克西！""中国人民万岁！"一时间，多少人眼里浸满热泪，多少双手紧紧握在一起。1 万多双眼睛真真切切看见了新疆人民的大爱真情，1 万多颗跳动的心实实在在感受到了中华民族大家

● 1959 年 12 月 31 日，兰新铁路通车典礼

庭的温暖。

　　2012 年严冬，因火车站改造，刚刚启用的哈密火车南站只有一个很小的临时候车室，无法满足车次集中时段旅客候车的需要，许多旅客只能在站外候车。腊月的哈密寒风凛冽、滴水成冰，而爱心汇聚的暖流又一次在哈密火车站涌动。不少市民自发去火车站为旅客送医送药送温暖，哈密市惠康园社区楼栋长铁木尔·库尔班就是其中的典型代表。看到电视里的新闻报道后，铁木尔·库尔班从朋友那里借来小面包车，拉着向邻居借来的十几个装满开水的暖水瓶，带上自己掏钱买来的几百个馕，向火车站进发。当他把一杯杯热水、一个个馕送到在站外候车的旅客手中时，来自祖国各地和即将奔赴祖国各地的人们，将新疆人民热情好客、守望相助的情谊也带向了远方……

　　2019 年 8 月 31 日，一列载有百余名采棉工的列车从甘肃天水火车站启程，开往距此 2000 多公里的新疆棉花产区。"麦大姐，我已经坐上火车了，后天中午就到阿克苏了，我给你带了一件自己织的毛衣。"来自甘肃陇南山区的 46 岁农妇刘文华正在激动地和自己新疆阿克苏的"亲戚"麦迪古丽·吐尔逊通电话。她已习惯在这个时候起程，然后用两个月左右的时间，在"亲戚"麦迪古丽·吐尔逊的家乡"淘金"。这是她第 21 次坐着火车去新疆。与多年前进疆火车上肩碰着肩、脚碰着脚拥挤在车厢过道的记忆不同，此次跟随刘文华进疆"淘金"的 20 多人都有座位。

　　20 世纪 90 年代末，刘文华第一次跟随几个同乡去新疆，就被安排在麦迪古丽·吐尔逊家摘棉花。一天夜里，麦迪古丽·吐尔逊因急性阑尾炎腹痛难忍，她的爱人恰巧去卖棉花了，刘文华和工友摸着黑用人力车将麦迪古丽·吐尔逊送到 8 公里外的团部医院，及时做了手术。麦迪古丽·吐尔逊紧握着刘文华的手感动得无以言表。棉花采摘完后，麦迪古丽·吐尔逊把家里最好的棉花送给刘文华和工友们，还为她们购买了卧铺车票，并约定以后进疆摘棉花必须来她家。

20 多年来，刘文华遵守约定，将新疆视为自己的另一个家。她说，去新疆采摘棉花，既帮助了"亲戚"，又让自己有万余元的收入；既改善了陇南家里的居住环境和生活条件，又拉近了与麦迪古丽·吐尔逊的感情。

兰新铁路的建成让新疆与祖国各地的距离不再遥远，让大美新疆为众人所熟知。兰新铁路日新月异的发展为热爱新疆、建设新疆的人铺就了幸福路，新疆各族人民的大爱真情也必将在兰新铁路上源源流淌。

（吴爱军编写）

柯柯牙：誓将荒漠变"绿海"

在世界第二大流动沙漠——塔克拉玛干沙漠西北边，一条逾百万亩的人工林带傲然挺立。这条林带就是柯柯牙荒漠绿化工程。它是新疆阿克苏地区黄沙漫漫和一碧万顷的分界岭。

1986年，为改变恶劣的自然条件，阿克苏地区启动柯柯牙荒漠绿化工程。30多年间，各族干部群众携手奋斗，让曾是沙尘暴策源地的柯柯牙绿树成荫，并以此为原点，在南疆戈壁

左图为阿克苏地区柯柯牙荒漠绿化工程1995年遥感影像图；右图为阿克苏地区柯柯牙荒漠绿化工程2017年遥感影像图

● 多浪河湿地公园已成为阿克苏城区新的"绿肺"

荒滩上孕育出百万亩的"绿海"。而"自力更生、团结奋进、艰苦创业、无私奉献"的精神，已融入各族儿女的血液之中。

　　柯柯牙位于阿克苏市东北部，和温宿县相交。这里曾是一片亘古荒原，植被稀少，盐碱茫茫，并且还是一个风口。阿克苏市紧挨着柯柯牙，据当地老人回忆，从他们记事起这里每年沙尘天气都超过100天，冬春时节，狂风裹挟着黄沙从柯柯牙方向劈头盖脸地打来，天地混沌一片，白天也要开灯，人根本出不了门。

　　1985年，时任阿克苏地委书记颉富平到柯柯牙调研后，决定举全力改变柯柯牙的荒漠化状态。次年，柯柯牙荒漠绿化指挥部成立。当时，不少干部群众都认为"年年种树不见树，春天种了秋天当柴火"，对在柯柯牙种树的前景感到悲观。

　　时任阿克苏地区林业处处长的毕可显度过了无数个不眠之夜。他领着几名技术员起早贪黑，在试验林工地一住就是一个星期、半

● 柯柯牙林管站第一代护林员宋建江在林间巡护，他参与了柯柯牙荒漠绿化工程的全过程

个月，啃干馕、喝渠水是常有的事，住的帐篷几次被风刮跑。他们先后取回了 58 个土壤剖面的土样，全是沙土、沙壤土、黏土、重黏土、盐碱土，盐碱含量最高的地方达到 5.58%，而国家规定的造林标准是土壤盐碱含量不能超过 1%。而且，柯柯牙沟壑纵横，有的地方落差十几米，土质要么坚硬如砖，要么极其松软，有的地方处在风口，大风袭来，树苗立都立不住。更致命的问题是，种树最需要的水源，离得很远很远。

1986 年 2 月，柯柯牙荒漠绿化指挥部决定修一条 16 公里长的干渠，从温宿县引水到柯柯牙，在干渠两边各建 100 米宽的林带。4 月，一支由 250 多人组成的修渠队伍进入柯柯牙。由于天气干热，很多人的嘴唇干裂得起了一层皮，鼻子流血。人们光着膀子，面朝黄沙背朝天，汗水和着黄沙雨珠般滴落在地上。每个人都铆足了劲干，原计划半年的工期，整整提前了两个月，硬是将一条长 16.8 公里，配有 505 座桥、涵、闸等水利设施的防渗干渠修成了。

解决了水的问题，接下来是修路。树苗和人要上到柯柯牙，必须先修路。修路要先压路基。柯柯牙土壤盐碱含量大，见了水就凝成黏泥巴。半米深的黄土层完全靠洒水车压，但洒水车的四个轮子常常被陷在稀泥里，无法动弹，只好用拖拉机拉拽。在沉结的碱土上平整土地，推土机来来回回只能划下几道白印，8台推土机坏了7台。指挥部和武警支队商议后决定以爆破"攻关"。但有的地方即使用炸药炸，也只能炸开脸盆大的口子。工程无法推进，技术人员又想到抽水泡地的办法。泡一晚，渗透土地5厘米，再接着泡；有的地方泡不了水，人们只能用十字镐、锤子一点点往下砸，跪在地上用铁锹一点点往下挖。汗湿透了全身，手起了血泡，有的年轻小伙子疼得直掉眼泪。

　　土地平整了，但还不能种树，需压碱改善土质。指挥部决定因地制宜对土壤进行改良。除了从农田拉良土外，根据土壤盐碱含量不同，或用渠水冲浇盐碱，或直接开沟挖渠排水压碱，甚至尝试结合种植水

● 造福一方百姓的柯柯牙荒漠绿化工程

稻改良土壤。土壤改良后，阿克苏人不断总结经验改进种树方法。他们将挖树坑的标准确定为"88323"，就是 80 厘米见方，深 80 厘米，底下 30 厘米土，往上 20 厘米肥料，最上面 30 厘米土。土必须是新的。盐碱土换掉，有了肥力，才能保证树木生长。

终于可以种树了！全民参与、全社会共建是柯柯牙荒漠绿化工程迅速成型的重要保障。1986 年起，每年春、秋两季都有约 3 万人次在柯柯牙荒原上挥汗奋战。公务员、教师、学生、医生、护士、武警官兵都行动起来了，几乎每个阿克苏人都有到柯柯牙植树的记忆。夫妻共栽一棵树，父子同抬一桶水，新兵栽下建疆树……志愿兵赵湍娃得知部队要参加柯柯牙荒漠绿化工程的消息，主动放弃回家结婚的打算，写信说服未婚妻从陕西老家赶到阿克苏，在柯柯牙工地上举行了特殊婚礼，新婚夫妇携手为柯柯牙种下了第一棵"爱情树"。10 年后，

● 柯柯牙绿化区出产的红富士冰糖心苹果驰名全国

他们带上孩子回到绿树成荫、果实累累的柯柯牙，全家又种下了一棵"希望树"。

在柯柯牙，养活一棵树不容易。柯柯牙林管站的干部职工常常连续几天不回家，盯着水灌到每一棵树下才放心，太累了就蜷缩在树下眯一会儿。栽种树苗的沟渠土质松软，一灌水，非常容易被冲毁。一天夜晚，一条沟渠被水冲出缺口，林管站职工艾力·苏来曼毫不犹豫直接躺在缺口处，另一个同事用坎土曼迅速把土沿着他的身体夯实，水渠才得以修补。在大家的精心呵护下，1987—1989 年，柯柯牙植树成活率达到 87.5%，超过了既定目标。

柯柯牙荒漠绿化工程从 1986 年开始实施到 2015 年结束，前后整整 30 年，历经 7 位地委书记，参与义务植树人员达到 340 万多人次，造林面积共计 115 万多亩，累计栽植树木 1300 万多棵。绿色从东、北、南三面将阿克苏市环绕起来，成为蔚为壮观的城郊"森林公园"和令世人惊叹的"大漠绿屏"。如今，阿克苏市农区水土流失、土地沙化和盐碱化现象得到明显缓解，城区风沙危害明显减少。生态环境的改善为阿克苏地区经济稳步发展、人民群众安居乐业提供了良好保障。

亘古荒漠戈壁林海万顷，生机盎然。1996 年，柯柯牙被联合国环境资源保护委员会列为"全球 500 佳境"之一。行走在阿克苏市、温宿县城、库车市等地，从中心路口到小区角落，几乎处处见绿意。"城市空气湿润了，沙尘天气减少了，阿克苏市都快变成又一个塞上江南了。"当地人自豪地说。

（贺朝霞编写）

小白杨哨所：为祖国戍守边防

新疆地处我国西北边陲、亚欧大陆腹地，是我国陆地面积最大、陆地边境线最长、交界邻国最多的省区，周边与蒙古、俄罗斯、哈萨克斯坦共和国、吉尔吉斯共和国、塔吉克斯坦共和国、阿富汗、巴基斯坦、印度 8 国接壤，陆地边境线长 5700 多公里，约占全国陆地边境线的 1/4。岁月漫漫，时光之笔在这 5700 多公里边境线留下了太多的感人故事，铭刻下了中华儿女保家卫国的精神华章。

闻名遐迩的小白杨哨所便是其中之一。

小白杨哨所位于新疆塔城地区裕民县巴尔鲁克山脚下中哈边境，是新疆军区塔城军分区边防某团塔斯提边防连的一个哨所。

小白杨哨所设立于 1962 年，原名叫"塔斯提哨所"。"塔斯提"，在哈萨克语中意为"有石头的地方"。后来改名为"小白杨哨所"，是因为战士程富胜在哨所种白杨树的故事和一首名叫《小白杨》的军旅歌曲。

20 世纪 80 年代，塔斯提哨所战士程富胜回家探亲。程富胜是锡伯族，家在伊犁。那年他回家看望家人，把那个叫"塔斯提"的地方和边防哨所的故事讲给母亲听，母亲鼓励他要在部队好好干。回哨所时，母亲让他带了 10 棵白杨树苗，要他种在哨所周围，让这些小树苗为"有石头"的边防哨所增添绿色，一来寄托战士们对家乡亲人的思念，二来激励战士们要像白杨树那样扎根边疆，为祖国守好大门。

程富胜带着母亲的嘱托和 10 棵白杨树苗回到哨所，与战友们一起将树苗栽下。战士们用节省下来的水浇灌白杨树苗，细心养护。

● 地处中哈边境的小白杨哨所

● 小白杨哨所的战士们

这个"有石头"的地方，气候恶劣，风沙大，而且哨所地处高地，干旱缺水，平时战士们吃水都要到 1 公里外的布尔干河去挑。因此，尽管战士们想尽了办法精心照顾小树苗，10 棵树苗中依然有 9 棵无法抵挡环境的严酷，一棵一棵地枯死了。唯有离哨所最近的一棵小树苗，像是被战士们的意志所感染，顽强地活了下来，并且一年年地茁壮成长。

小白杨最早的主人相继退伍，但它依然伴随后来的边防战士日渐成长，根越扎越深，枝叶一年比一年粗壮繁茂。如今，小白杨哨所内外已是绿树成荫，那棵小白杨也已经长得又高又壮，挺拔屹立在哨所旁，陪伴着一批又一批边防战士驻守边防。

1983 年夏，著名诗人、词作家梁上泉来到塔斯提哨所采风，被小白杨的故事深深打动，便写了歌词《小白杨》，并请士心谱曲。1984年八一建军节，军旅歌唱家阎维文在中央电视台举办的庆"八一"文艺晚会上，将《小白杨》唱响在祖国的大江南北，激励着无数戍边将士保家卫国。因为这个故事、这首歌，塔斯提哨所自此更名为"小白杨哨所"，成为戍边军人的象征、边关将士的精神家园。如今，小白杨哨所，这座见证祖国日益强盛的英雄哨所，被命名为国家国防教育示范基地、新疆维吾尔自治区国防教育示范基地，成为祖国西北边防亮丽的精神标志。

　　来到小白杨哨所参观的人们，一眼就能看到白杨树高大笔直的树干上写着的"小白杨守边防"几个红色大字。有人会情不自禁地在白杨树下唱起《小白杨》：

● 各族群众同唱《小白杨》

● 歌唱家阎维文来到小白杨哨所为边防官兵演唱

一棵呀小白杨，长在哨所旁，

根儿深，干儿壮，守望着北疆，

微风吹，吹得绿叶沙沙响啰喂，

太阳照得绿叶闪银光。

哎哎哎⋯⋯

小白杨，小白杨，

它长我也长，

同我一起守边防。

当初呀离家乡，告别杨树庄，

妈妈送树苗，对我轻轻讲：

带着它，亲人嘱托记心上啰喂，

栽下它就当故乡在身旁。

唻唻唻……

小白杨，小白杨，

也穿绿军装，

同我一起守边防。

小白杨，小白杨，

同我一起守边防。

（叶尔克西·胡尔曼别克编写）

民族团结一家亲：
像石榴籽紧紧抱在一起

在石榴成熟的季节，走进新疆南疆地区的很多乡村，你会发现火红的石榴挂满枝头。随手摘下一个剥开，石榴籽粒粒饱满，紧紧依偎……

"要全面贯彻党的民族政策，像爱护自己的眼睛一样爱护民族团结，像珍视自己的生命一样珍视民族团结，像石榴籽那样紧紧抱在一起。"2017年3月10日，习近平总书记参加第十二届全国人民代表大会第五次会议新疆代表团审议时这段有关民族团结的重要讲话，激励着新疆各族干部群众。牢记嘱托，不负厚望，今天的新疆，民族团结已融入人们的日常生活和工作学习中，贯穿到学校教育、家庭教育、社会教育的方方面面，演绎了一个个民族团结大爱的感人故事，唱响了新时代新疆各民族大团结的伟大赞歌。

2016 年 10 月 16 日，新疆维吾尔自治区召开"民族团结一家亲"活动动员大会，自此拉开在天山南北如火如荼开展"民族团结一家亲"活动的大幕。自治区领导率先垂范，各级行政、事业、企业单位干部职工迅速行动，深入天山南北农家牧户、基层社区，与各族群众结对认亲。

自治区各级领导纷纷赶赴全疆各地结对认亲，与亲戚谈生活、话未来。他们在走访慰问、结对认亲过程中，与结对认亲户家庭成员热情交流沟通，详细了解其家庭情况与困难，以亲戚身份真诚融入，得到群众的广泛赞誉。

"民族团结一家亲"活动动员大会召开后，新疆各地各部门迅速行动，以前所未有的形式和规模广泛开展"民族团结一家亲"和民族团结联谊活动。广大干部职工与各族基层群众手拉手、交朋友，将心比心、以心换心，解决群众急事、难事，把群众安危冷暖挂在心上，让各族群众切实感受到了祖国大家庭的温暖，把习近平新时代中国特

● 2017 年 3 月 25 日，结对亲戚在列车上合影留念。当日，乌鲁木齐铁路局开行乌鲁木齐—和田 T9526/7、T9528/5 次"民族团结一家亲号"特快旅客列车

● 乌鲁木齐市沙依巴克区八一片区管委会开展"民族团结一家亲"迎冬至包饺子活动，各族群众在欢声笑语中品美食、增友谊

色社会主义思想送进千家万户，引导各族群众坚定信心跟党走，走上一条脱贫致富康庄路；把结对亲戚接到城市来看看，你来我往，亲戚越走越亲，感情越走越深，中华民族共同体意识在各族干部群众的心田深深扎根。

"民族团结一家亲"活动在新疆大地的火热实践，让各民族同胞同呼吸、共命运、心连心，也改进了干部作风，密切了党群干群关系，民族团结的氛围日益浓厚，民族团结的累累硕果令人心醉。

"我还想再去一次昌吉，好好学学大棚蔬菜怎么种植。"喀什地区英吉沙县色提力乡阿依库勒村村民阿斯姆古丽·达捂提在电话里对结对亲戚、自治区党委办公厅老干处干部刘晓霞说。她和乡亲们曾一起参加了由自治区党委办公厅举办的民族团结联谊活动，参观了昌吉市的现代设施农业、乌鲁木齐市米东区的现代化养殖场。回来后，阿斯姆古丽·达捂提学着搞起了大棚蔬菜种植和肉羊育肥，随着蔬菜丰产、肉羊增重，阿斯姆古丽·达捂提脸上的笑容也更加灿烂。"民族团结联谊活动不但加深了我和亲戚间的感情，还开阔了我的视野，学到了很多新知识。"阿斯姆古丽·达捂提开心地说。

每到亲戚要来的时刻，村里的各族群众总是翘首以盼，按捺不住期待和喜悦的心情。亲戚们离开时，乡亲们站在村口挥手告别，久久不愿离去。

一次次走村入户，一次次品味人与人之间可贵的真情，一次次温暖的握手，一次次嘘寒问暖的真切关怀……各族兄弟姐妹的心贴得更近了——老人拉着干部的手喊着"孩子"，干部亲切地叫着"老妈妈"，新疆各族干部群众你来我往、融情相处的大好局面，已成为天山南北一道亮丽的风景。

现在，"民族团结一家亲"活动已经常态化，新疆各级行政、事业、企业单位的干部职工每隔一段时间就到亲戚家走一走，与基层各族群众围坐在田间地头、炉前炕头，像亲人般拉家常、话小康，一同学习进步，一起谋划未来的好日子。过去很少出远门的南疆群众在结对亲戚的热情邀请下，来到乌鲁木齐等城市体验更多彩的生活，思想观念发生了深刻变化，讲团结、促增收、谋发展的愿望越来越强烈，信心越来越足。与此同时，基层各族群众的安危冷暖、所思所盼成为各级党员干部最深切的牵挂，广大干部职工千方百计帮助群众解决生产生活中的困难和问题，各族群众的获得感、幸福感不断提升。

（高方编写）

下马崖边境派出所:
警地共绽团结花

下马崖，这个位于中国新疆东大门哈密伊吾县的边境乡，据说因当年玄奘西行取经路过这里下马休息而得名。下马崖乡距中蒙边境线只有40多公里。千百年来，东天山雪水的默默滋养，造就了下马崖这颗美丽富饶的塞外明珠，清冽、甘甜的坎儿井水给下马崖这片戈壁

下马崖边境派出所民警和村民们一起举行升国旗仪式

荒漠带来了勃勃生机。现如今，这里绿树成荫，流水潺潺，享有"戈壁绿洲"之美誉。

下马崖之所以闻名遐迩，缘于驻防于此的下马崖边境派出所。

下马崖边境派出所成立于1964年，主要负责户籍管理、治安管理、边境管理等工作。1990年以来，下马崖边境派出所连续7次被国务院表彰为"全国民族团结进步模范集体"，被公安部授予"民族团结模范边防派出所"荣誉称号，被全国双拥工作领导小组、民政部、中央军委政治工作部评为"全国拥政爱民模范单位"。2022年，又成为新疆首个获得"枫桥式公安派出所"殊荣的边境派出所。

走进下马崖边境派出所，仿佛走进了"爱民拥警"的红色展览园，处处留有半个多世纪以来"警爱民、民拥警"的生动印记，一桩桩、一件件、一幕幕，历历在目，熠熠生辉，历久弥新，时刻散发着民族团结之花的时代芬芳……

● 为解决驻地村民饮水困难，下马崖边境派出所为村里打了一口"爱民井"

　　下马崖边境派出所以警地共建为抓手，警民携手维护边境稳定，取得了明显成效。为做好维稳固边工作，下马崖边境派出所以驻村警务室为依托，整合护边员、"十户长"组建群众治安巡逻队巡控辖区。除此之外，派出所还组建戈壁110服务队、军警民边境踏查队、夕阳红护院巡逻队，为确保辖区安定增添巡护力量。

　　2016年3月的一天，一位牧民赶着400

● 下马崖边境派出所
　 民警帮助村民清渠

多只羊到边境前沿放牧，在这里巡逻的群众护边员发现后迅速报告了下马崖边境派出所，官兵们在距边境线 80 米处将羊群挡回，避免了一起涉外事件的发生。

"以前我们下马崖可是出了名的穷，原来这一大片都是戈壁滩。"80 多岁的村民图尔干·亚日老人望着通向村外的柏油路感慨万分地说道，"1989 年之前，下马崖乡到伊吾县城之间没有一条像样的路，几十年来群众去县城得晴天一身灰、雨天一身泥，是政府和派出所帮我们解决了这个老大难问题。"1989 年 7 月，在下马崖边境派出所多方争取下，下马崖乡各族群众日思夜想的那条通往伊吾县城的柏油路终于破土动工了，下马崖边境派出所官兵主动担负起最艰巨路段的施工任务。3 年后，封闭、偏僻的下马崖乡终于开通了第一条平坦的柏油路，结束了下马崖乡群众赶车进城耗费一天时间的历史，也成为全乡百姓的致富之路。后来，这条 48 公里长的柏油路被命名为"警民团结路"。

"我们家走上致富路，得感谢派出所推行的'爱心奶牛'工程啊！"这是村民热合曼·伊敏发自肺腑的感慨。自 2013 年开始，下马崖边境派出所自筹资金 6 万余元，实施"爱心奶牛"工程，为辖区内责任心强的 4 户贫困家庭各免费发放 1 头品质优良的奶牛。这 4 户家庭只需 3 年后各上交 1 头奶牛和 1 头牛犊，其余自己留着饲养，上交的奶牛再免费发放给贫困家庭饲养，如此循环滚动，不仅逐步发展扩大了下马崖乡的奶牛养殖规模，而且也帮助了贫困户脱贫致富。如今热合曼·伊敏家已是乡里数一数二的富裕户，"爱心奶牛"帮助 20 余户贫困家庭脱贫。

● 下马崖边境派出所民警应邀担任驻地小学辅导员

　　党的二十大报告提出，建设更高水平的平安中国。下马崖边境派出所努力推动平安新疆建设，让人民群众感受到安全就在身边，推出24小时警务室为民服务制度，设立12个"党员星级调解户"，聘任人民调解员在派出所设立联合专席开展矛盾纠纷化解工作，动员群众成立"红石榴调解队"，引导党员、护边员、志愿者等参与社会治理，有力维护了边境地区的安全稳定。

　　半个多世纪以来，驻守在下马崖的边境派出所官兵为国尽责，扎根边疆，大力开展警地共建活动，积极与驻地党委、政府共建基层堡垒，高举民族团结旗帜，促进边疆稳定发展和人民安居乐业。他们像爱护自己的眼睛一样爱护民族团结，像珍视自己的生命一样珍视民族团结，用青春演绎壮丽，用生命诠释奉献，大力推进民生工程，帮助各族群众脱贫致富，将这里打造成了各族群众同呼吸、共命运的民族团结示范地，用无限忠诚和无私奉献谱写了一曲曲不负韶华、力促民族团结之花绽放的时代之歌。

（李爱民编写）

库尔班·吐鲁木：
爱党爱国精神代代传

20 世纪 50 年代,《人民日报》发表的一张毛主席与库尔班·吐鲁木老人紧紧握手的照片, 穿越时光隧道, 历经岁月沉淀, 变得越来

● 毛主席亲切接见库
尔班·吐鲁木塑像

● 库尔班·吐鲁木和老伴
一起重温见到毛主席的
幸福时刻

越清晰厚重，成为中华民族勤劳质朴、善良友好、民族团结的象征，教育了一代又一代人。库尔班·吐鲁木的动人故事，传遍神州大地，至今为人们所津津乐道。

库尔班·吐鲁木 1883 年出生在新疆于田县托格日尕孜乡一个贫苦的维吾尔族农民家庭。他年少时失去父母，当了农奴。炎热的夏天，库尔班·吐鲁木被迫到蚊子密集的芦苇地里，喝着湖里的死水，啃着干硬的苞谷馕，没日没夜地给地主割芦苇。寒冷的冬季，库尔班·吐鲁木白天在戈壁滩上给地主挖取暖用的红柳柴，夜里却只能蜷曲在戈壁滩上的土沟里露宿。他无数次虔诚地祷告求救，可他的境遇不仅丝毫没有改变，反而落得妻离子散。无论走到哪里，除了一条破毡子、一把破铜壶，他便只有一身沉重的债务。为了摆脱被奴役、被欺凌的生活，库尔班·吐鲁木逃到荒漠里，靠吃野果活下来。

1949 年 12 月，中国人民解放军进入新疆于田县，在一片树林里

● 库尔班·吐鲁木给
孩子们讲述见到毛
主席的情景

发现了一个衣衫褴褛、披头散发、形如"野人"的流浪汉。解放军把他带到村里，为他理发换衣。乡亲们认出，这就是多年前失踪的库尔班·吐鲁木。解放军给他安顿了住处，还帮他找到了离散的妻子和已经 16 岁却没见过面的女儿。

新疆和平解放后进行土地改革时，库尔班·吐鲁木分到 14 亩耕地、1 所房子和 1 头毛驴。他第一次有了属于自己的土地，为自己而劳动，真正掌握了自己的命运，成为社会的主人。

库尔班·吐鲁木精心耕作，喜获丰收，成为村里的劳动模范。

生活水平一年年提高，旧社会的衣不蔽体、有家难回，变成了如今的丰衣足食、安居乐业。库尔班·吐鲁木知道这一切是毛主席和中国共产党带来的，便想要到北京去感谢恩人毛主席。执着的他多次骑着毛驴、带着瓜果要去北京见毛主席，却终为漫漫黄沙所阻。面对乡亲们的劝阻嘲笑，他依然意志坚决，不为所动。能亲眼见到毛主席，成了他一生最大的心愿。时任新疆维吾尔自治区党委书记王恩茂听说这件事后，专程去看望了库尔班·吐鲁木，高度赞扬了他热爱中国共产党、热爱社会主义、热爱民族团结、热爱劳动的精神，答应有机会一定让他到北京去见毛主席。1958 年 6 月，和田专区组织优秀农业社主任、技术员和劳动模范去北京参观农具展览会，库尔班·吐鲁木荣幸地加入了参观团之列。

1958 年 6 月 28 日下午，一生历经坎坷的库尔班·吐鲁木老人在中南海怀仁堂受到毛主席的亲切接见。库尔班·吐鲁木眼中充满对毛主席的感激、崇敬之情，双手与毛主席的手紧紧相握，毛主席亲切地对他微笑。这一刻，被摄影师侯波的镜头永远定格。

见到毛主席的第二年——1959 年 7 月，库尔班·吐鲁木光荣加入中国共产党。以后的岁月里，库尔班·吐鲁木老人不论在集市上，还是在村道旁，不论在田间地头，还是在家门口，只要有机会，他总是满腔热忱地表达对党的感恩之情。他始终保持着劳动人民的本色，埋头苦干，默默奉献，积极参加社会主义建设，连年被评为各级劳动模

● 库尔班·吐鲁木的
　故事走上舞台

范，先后出席过县、专区和自治区的群英会以及第四届全国人民代表大会。

70多年来，时光之手已经把库尔班·吐鲁木的爱党爱国精神雕刻成为新疆的一张名片，留下不计其数的文学作品、美术作品、音乐作品、影视作品，有关库尔班·吐鲁木的红色教育基地相继建成，库尔班·吐鲁木的故事以各种形式传递着正能量，激励着一代又一代新疆各族人民。库尔班·吐鲁木的后人更是坚定传承库尔班·吐鲁木的红色基因。库尔班·吐鲁木的女儿托乎提汗·库尔班，库尔班·吐鲁木的曾孙女如克亚木·麦提赛地——中国第一艘航空母舰"辽宁号"上的第一代少数民族女兵，传承着库尔班·吐鲁木的爱党爱国之心，为新时代新疆代言。

给习近平总书记写封信，是托乎提汗·库尔班老人一直以来的心愿，于是她让孙女如克亚木·麦提赛地代她给习近平总书记写了一封信，感谢党和政府对他们一家人的关怀，表达全家人以及乡亲们对党的感恩之情。半个月后，2017年春节前夕，习近平总书记给托乎提汗·库尔班回信，向她和家人及乡亲们送上祝福。习近平总书记在回信中说：

> 咱们新疆好地方，民族团结一家亲。库尔班·吐鲁木是新疆各族人民的优秀代表，我小时候就听说过他爱党爱国的故事，让人十分感动。多年来，你一直坚持你父亲爱党爱国的情怀，给后辈和乡亲们树立了榜样。希望你们全家继续像库尔班大叔那样，同乡亲们一道，做热爱党、热爱祖国、热

● 习近平总书记回信了

　　爱中华民族大家庭的模范，促进各族群众像石榴籽一样紧紧抱在一起，在党的领导下共同创造新疆更加美好的明天。

　　如今，库尔班大叔的红色基因已经深深融入天山南北各族人民的血脉之中，各族人民像石榴籽一样紧紧抱在一起，万众一心向着新疆社会稳定和长治久安总目标澎湃进发！

（叶尔克西·胡尔曼别克编写）

庄仕华：肝胆相照民族情

40余载，扎根边疆、倾情奉献，他架起了党同边疆各族人民群众的"连心桥"；送医送药、扶贫帮困，他把雷锋精神传播到天山南北、四面八方。40余载，他见证了边疆基层从缺医少药到村村有卫生室、乡乡有卫生院，目睹了

● 庄仕华受邀到乌鲁木齐市第66中学作先进事迹报告，与各族学生热情交流

祖国面貌日新月异、民族团结亲如一家。他就是"当代雷锋"、"全国道德模范"、"中国好医生"、武警新疆总队医院名誉院长庄仕华。

庄仕华年少时家贫，靠政府的救济、乡亲们的接济读书成材。1973年12月，从四川简阳入伍的他，带着家乡父老的嘱托，来到天山脚下的军营当了一名卫生员。那个地方非常偏僻，卫生所里只有他和一名医生。一个下着鹅毛大雪的晚上，气温降到零下30多摄氏度，牧民用牛车拉来一个急症患者，从病症上看是急性肠胃炎。恰逢医生休假，庄仕华只是个卫生员，看不了这个病，牧民非常失望地带着患者离开了。庄仕华看着他们离去的背影心里很难过，当时就下决心要努力学习医术，将来多为老百姓治病，像这种"自己不是医生治不了病"的话永远不要再说！

1977年国家恢复高考，部队领导推荐他去参加中国人民解放军第四军医大学的考试，就这样，庄仕华走上了从医之路。毕业时，很多人推荐庄仕华在第四军医大学工作，但庄仕华婉言谢绝，毅然回到了新疆。他说，当年在新疆，在和各民族群众交往中，他跟乡亲们结下了很深的情谊，新疆的医疗条件相对较差，那里才是最需要医生的地方。

回到新疆后，庄仕华发现新疆是胆结石高发地区，而传统手术对患者的损伤大，并且或多或少会留下后遗症，所以很多患者宁可忍着胆结石带来的剧痛也不愿做手术。他心里不禁想，难道没有更好的办法来减轻患者的痛苦吗？在一本医学杂志上，庄仕华看到在广州、北京已经采用创伤小、痛苦轻、恢复快、安全可靠的腹腔镜微创手术技术治疗胆结石，于是向院长建议引进这项技术，并申请到北京去学习。

● 庄仕华对医护人员
进行现场培训

看到庄仕华积极主动地要求学习，院长欣然答应。但当庄仕华真正开始学习时，却傻了眼。腹腔镜微创手术设备先进，如果实际操作不熟练，就会发生危险。如何熟练掌握腹腔镜微创手术技术成了棘手的问题。一天，庄仕华吃葡萄剥葡萄皮时突然出现灵感。他想，如果能够完整地把葡萄皮剥下来而且葡萄皮不破，那么同理，切胆囊、剥胆囊也会驾轻就熟。于是庄仕华在一个箱子上打了3个孔，将机械伸进去，练习剥葡萄皮，之后又在动物的肝脏上练习剥胆囊。通过模拟手术练习，庄仕华练就了一手绝活：做一台腹腔镜微创手术只需10分钟，单纯剥离胆囊最快只要1分钟。

"把患者的困难当成自己的困难，把患者的痛苦当成自己的痛苦，把患者的生命当成自己的生命"，是庄仕华的行医准则。正是凭着"敬佑生命、救死扶伤、甘于奉献、大爱无疆"的精神，他创下了10万多例腹腔镜下胆囊手术无一例失败的纪录。

在武警新疆总队医院肝胆外科的走廊上，挂有1万多面锦旗，大家将这里称为"锦旗的海洋""锦旗的长城"。这其中，让人印象最深的是一面写着"三十九载鱼水情，心系牧民一家亲"的锦旗。锦旗用3万多颗油菜籽大小的彩珠绣成。送这面锦旗的人叫达汗，现在已是耄耋老人。40多年前，庄仕华在一次巡诊中认识了达汗。达汗查出患有肝包虫病，她的丈夫患有哮喘性支气管炎，同时还患有其他疾病，家庭经济困难。从那时起，庄仕华开始资助达汗一家，就连他到西安上大学期间也未曾中断。庄仕华定期给达汗的丈夫寄药，给孩子寄学费。达汗和她大女儿的肝包虫病、胆结石手术，是武警新疆总队医院的干部战士捐款做的。现在，年逾八旬的达汗和她4个子女的日子过

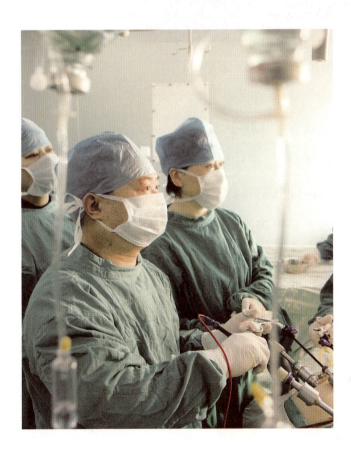

● 正在做腹腔镜微创手术的庄仕华（左一）

● 庄仕华（前右一）带领医护人员到牧区巡诊

得非常红火，一大家子脱贫奔了小康。

"爱心是患者的灵丹妙药。"庄仕华这句话，残疾青年阿合买提体会最深。在武警新疆总队医院肝胆外科98号病房里，曾出现过这样一幕——即将出院的乌鲁木齐县板房沟乡二工村维吾尔族残疾青年阿合买提拉着庄仕华的手，亲切地喊着："这是我阿嘎（哥哥）！"

阿合买提因小儿麻痹症造成下肢残疾，生活难以自理，父母双亡后，他对生活失去了信心和希望，几次想轻生。一次，庄仕华到二工村巡诊，得知这一情况后，立即赶到阿合买提家。看到阿合买提在冰凉的地上爬行，庄仕华赶忙跑过去一把抱住他，动情地说："小伙子，身体有病不要紧，要紧的是得有生活的勇气！"庄仕华知道，要想让阿合买提鼓起生活的勇气，就必须用爱融化他心里的坚冰。回到医院后，庄仕华亲手为阿合买提制作了一辆可以代步的滑轮车。庄仕华将滑轮车送到阿合买提家时，一向对人冷冰冰的阿合买提流着泪说："院长，我能叫您阿嘎吗？从没有人送给我这样贵重的礼物！"在庄仕华资助下，阿合买提学了钟表修理技术，成了一个自食其力、阳光向上的好小伙子。

"几十年来，我深深感到人民群众的朴实和伟大，只要我们为他们倾注一份情，他们就会捧出一颗心。"庄仕华时刻提醒自己，从一点一滴做起，开好每一张处方，做好每一台手术，看好每一位患者的病。带着这样的信念，庄仕华爬雪山、越戈壁，巡诊近四十万公里，成为促进民族团结的忠诚卫士。

（刘杉编写）

卡德尔·巴克：拥军日记鱼水情

● 卡德尔·巴克在日记中记下了解放军为村民做的好事

40多年时间，1000余篇日记，记录着同样一个主题：中国共产党好，人民解放军亲！这是阿克苏地区库车市阿格乡栏杆村村民卡德尔·巴克留下的拥军日记。

1967年，新疆军区某综合仓库官兵进驻库车市阿格乡，与栏杆村毗邻而居。部队官兵时常帮助驻地周围群众发展生产、改善生活条件。

栏杆村是一个少数民族村，全村62户村民都是维吾尔族。当年村里只有上过中专的卡德尔·巴克会说汉语，于是他就成了部队和村民之间的"翻译"。村民有什么困难都通过他转告部队，因此部队帮村民做的每一件事情，卡德尔·巴克都看在了眼里。心怀感恩之情的卡德尔·巴克，把一桩桩、一件件事都记在纸上，然后放到箱子里保存起来。后来有人给他送了一个小本子，他便把日记一篇篇抄在了小本子上。陆陆续续，他记了大大小小 5 个本子。

村民们分到了"暖心煤"

　　1967 年 10 月的一天，寒风凛冽，卡德尔·巴克一家正犯愁怎么熬过这寒冷的冬季，一阵敲门声传来。开门一看，门外站着几名解放军战士。原来是综合仓库官兵为村民们拉来了 3 车煤炭，请他做翻译，免费分给那些最困难的群众。分完煤，卡德尔·巴克心中激动不已，觉得自己还应该做点什么。他突然看到了桌子上的半截儿铅笔。"对！我要把这些记下来！"于是，卡德尔·巴克便拿来纸，坐在火炉前，在被炉火照得红彤彤的纸上，激动而又虔诚地写下了第一篇日记：

　　　　今天部队为村里拉来了 3 车煤，给五保户、困难户分，我家也分到了不少煤。

村民们喝上了自来水

　　以前，栏杆村村民常年喝的都是从周围山上流下来的沉淀一两天才能喝的山洪水。但是就是这样的浑水，也需要村民们去防洪渠打。在防洪渠打水是很危险的事，卡德尔·巴克的两个儿子就是因为到防洪渠打水，不幸失足滑进防洪渠而双双遇难。时任综合仓库政委的孙文生听闻此事后，下定决心，有干部战士们的水喝，就有乡亲们的水喝，而且还要先保证乡亲们喝上干净卫生的水！ 1995 年，在综合仓库官兵的努力下，村里终于通了自来水。通水那天，全村的大人、小孩全都围在村委会门前高兴地欢跳着。这件事深深地印在了栏杆村村民

● 在解放军的帮助下，村民喝上了自来水

的心中，也记在了卡德尔·巴克的日记中：

> 我们这个村里喝水是一件很不容易的事，自从部队来到
> 我们这儿，知道这件事以后，1995 年开始，我们就可以喝干
> 净的自来水了。

村民生病就去部队的便民门诊所看病

栏杆村没有医生，村民们生了病只能赶上毛驴车去县城就医，光
在路上就要花一天时间，好多村民为此不愿去看病，结果小病拖成了
大病。1995 年春夏，综合仓库决定建新的卫生所，以方便村民看病。
资金不足，军医就带着新兵们把裤腿一挽，下到河里挖沙子，自己动
手拌混凝土、铲墙皮、刷墙面、打地坪……忙活了一个多月，终于把

部队腾出来的旧房子变成了一个有模有样的便民门诊所。从此以后，村民们有个头疼脑热的小毛病都能在这里得到医治了，其他村的村民知道后也过来看病。部队军医把每一位患者都当作自己的亲人一样对待，全心全意地为他们治疗。

卡德尔·巴克将村民获得部队卫生所诊治的情况做了记录。在其中一篇日记中他这样写道：

> 我们村里没有医生，所以看病很不方便，好多人因为没有及时治疗而死亡。自从部队来到我们村，病死人的情况也就少了很多……

村民孜莱汗如愿上了大学

1993年，在综合仓库部队的帮助下，栏杆村建起了学校。部队官兵送来桌椅板凳，定期为学生提供学习用品，还自发地开展"阳光洒

● 解放军帮助村民收获小麦

春蕾"助学活动,先后帮助 20 多名儿童重返校园。只有 200 多人的栏杆村,多年来已有数名学生考上大中专院校,孜莱汗就是其中之一。

2005 年 8 月,孜莱汗考上了大学。尼牙孜拿着女儿的大学录取通知书,一阵惊喜过后,瞅着高额的学费又犯起了愁。消息传到综合仓库部队,当天下午,综合仓库政治处主任杨志强就把官兵捐助的学费送到了尼牙孜手中。

卡德尔·巴克在日记中这样记载:

> 2005 年 8 月 15 日,尼牙孜的女儿考上了大学,这是村子里的一件大喜事,但尼牙孜却因为学费不够而发愁。解放军知道后,主动送来了钱,使孜莱汗高高兴兴地跨进了大学。

综合仓库官兵为村里铺路架桥、运送公粮、捐资助学、送医送药、春种秋收……就这样,40 多年间,1 万多个日日夜夜里,一幕幕军民团结的和睦情景,一件件令人感动的爱民事迹,凝聚成了 1000 多个感动,汇集在一篇篇拥军日记中。

"塔克拉玛干大漠当纸,塔里木的胡杨作笔,也写不尽党的恩情。"卡德尔·巴克不仅用笔深情地记下了综合仓库官兵为栏杆村所做的一件件好事、实事,还和栏杆村的村民一起以实际行动回报解放军的恩情。多年来,每逢重大节假日,卡德尔·巴克都会主动带上家人,和村里的民兵一起,在交通要道、各个山口设卡站哨,在村子周围值班巡逻,维护社会治安,帮助部队保障库区安全。每当瓜果成熟,卡德尔·巴克和村民们总是先送给解放军尝尝。在温暖的土炕上,在阴

● 2014年12月3日，卡德尔·巴克因病逝世，但他的拥军日记并未停止

凉的葡萄架下，在田间路旁，卡德尔·巴克总会情不自禁地把日记中的拥军爱民故事讲给村民们听。

2004年，一场大病让卡德尔·巴克无法再提笔，他就鼓励小儿子热合曼自学国家通用语言文字。此后的上百篇日记，都是由他口述，小儿子热合曼记录。2007年，卡德尔·巴克被授予"全国爱国拥军模范"称号，他的事迹在天山南北、军营内外广为传颂。

2014年12月3日，卡德尔·巴克因病逝世，但他的拥军日记并未就此停止，他的子女和栏杆村村民仍在续写着拥军日记，饱含着人民群众热爱党、热爱祖国、热爱人民军队的真挚情怀，传递着新时期边疆"军爱民、民拥军"的鱼水深情。

（石梦华编写）

刘守仁：一生只为"一只羊"

　　时间回到 1968 年的北京，在全国农业展览馆里，一只戴着"军垦细毛羊"标牌的肥硕公羊引来众人围观——中国拥有属于自己的细毛羊了！这个消息之所以振奋人心，是因为在细毛羊育种界里，培育新品系一般需要 100 年左

● 20 世纪 60 年代，刘守仁（左）给培育的细毛羊测量毛长

右的时间，而在军垦细毛羊的出生地新疆石河子紫泥泉种羊场里，以刘守仁为带头人的科研团队只用了 13 年时间。刘守仁，这位文弱的江南学子，后来成为中国工程院院士、新疆农垦科学院名誉院长，被誉为"中国军垦细毛羊之父"。

1955 年,21 岁的刘守仁从南京农学院畜牧兽医系学成毕业。从小生长在江苏的他，少年时代就向往辽阔的大草原。毕业时，江南水乡的旖旎风光没有留住他，他所有志愿都填着"新疆"。带着两箱书，刘守仁义无反顾地来到天山脚下玛纳斯河畔的紫泥泉种羊场 —— 一个由新疆生产建设兵团转业军人建成的种羊场。

当时，纺织工业部向全国牧区提出一个严峻课题——国家急需工业用细羊毛，中国要培育自己的细毛羊。因为 20 世纪中叶的中国，能够用作纺织毛料的细羊毛一直依赖国外进口。初来乍到，刘守仁将目光落在了细毛羊身上。那时紫泥泉种羊场里的羊绝大多数都是个头小、毛粗色杂的哈萨克羊，出产的羊毛只能搓绳擀毡，无法加工成高档次的毛料制品。为了支持细毛羊育种，种羊场从苏联高价购进了几只用来育种的阿尔泰细毛羊，刘守仁就想着把阿尔泰细毛羊的皮毛"披"在土种哈萨克羊的身上。

刚开始培育细毛羊时，饲料不够，又因为盲目追求产冬羔而将产羔期从每年的 4 月移到了 1 月,导致许多小羊羔被饿死或冻死。焦急的刘守仁虚心请教种羊场的老牧工。哈萨克族老牧工苏鲁唐就是当年刘守仁的师父之一。为了学到真本事，刘守仁干脆就住在苏鲁唐家里。皮帽子，皮筒子，腰系一根毛绳子，一介书生变成了地地道道的牧羊人。白天，刘守仁早早起床跟着苏鲁唐举鞭放牧；晚上，他跟着苏鲁唐一起打更熬夜；赶上产羔季就整宿蹲在羊圈里帮忙接生，甚至把刚出生的小羊羔放进自己的被窝里排胎粪。冬天，牧民用背篓到山脚背雪煮面，时常有羊粪掺杂其中。很多次，吃面时吃出来羊粪粒，刘守仁也不觉得有什么。

从羊开始配种起，刘守仁就一刻不停地密切观察，亲自饲养。当时育种条件极差，他就用墨水瓶代替试管，用火墙代替烘干箱，用平时收集的废旧铁皮、竹片当实验工具。到了春天产羔季节，他成了羊群唯一的"接生员"，吃住都在羊圈，每天工作 18 个小时，累得实在扛不住时才舍得睡觉。当时没有消毒设备，小羊要出生了，他就冲过去接生，剪脐带，称体重，填好记录卡。有时忙得太久，饿极了，他把满是羊水和血污的手在羊毛上蹭几下，也顾不得洗，抓起馒头就啃起来。

由于没有仪器，当时鉴定羊毛的数量和质量只能靠肉眼看、双手数。每只羊测定 4 个部位，每 1 平方厘米就有 9000 —10000 根羊毛，每次要数三四个小时，刘守仁常常数得头晕眼花。

病羊身上的布鲁氏菌传染给了刘守仁，他从此落下了腰腿痛的毛病。病发时，几天发烧，几天体冷，冷热交替，十分痛苦。

1957 年春天，第一代绵羊杂交育种的细毛羊诞生了。望着咩咩叫唤的毛色并不纯的小羊羔，刘守仁热泪盈眶。1968 年，刘守仁带着他的奇迹——军垦细毛羊，在全国农业展览馆一亮相就引起了轰动。军垦细毛羊被认为是当时我国最好的两个细毛羊品种之一，种羊被推广到 23 个省（区、市），利用军垦细毛羊的羊毛纺织出的牧歌牌 Z201 毛华达呢荣获国家优质产品银质奖，远销 16 个国家。

● 刘守仁（右）与牧
工在一起分析细毛
羊的生长情况

　　1972 年秋，越干越起劲的刘守仁开始用世界公认最好的细毛羊——澳大利亚美利奴羊，与军垦细毛羊进行杂交，经过 9 个春秋反复试验、筛选繁育，终于培育出两个新的杂交品系，可与澳大利亚美利奴羊媲美。20 世纪 80 年代，当澳大利亚的绵羊专家来到紫泥泉种羊场，看到一只只脑袋两侧盘着巨大犄角、颈项有着层层裙褶般厚毛的羊时惊诧不已："这是你们自己培育的种羊吗？这不是天方夜谭吧？"刘守仁用独创的基因先决育种法，将培育一个新品系所需的时间从六七十年甚至上百年缩短到 6—8 年。1989 年，这一品系的中国美利奴（新疆军垦型）细毛羊选育获得国家科技进步一等奖，刘守仁创造了绵羊育种史上时间与空间的双重奇迹。

　　为了改变我国羊毛供应主要依赖进口的状况，刘守仁提出了"北羊南移"的建议，把新疆军垦细毛羊带到了南方，先后在浙江、云南、四川、湖北和江西进行试点培育，成功总结出了细毛羊在南方饲养、

● 刘守仁培育的中国
美利奴（新疆军垦
型）细毛羊

繁殖、放牧、管理及疫病防治等一整套技术措施，证实北方绵羊完全能适应在南方生长。

进入 21 世纪，遗传工程与基因技术成为科学研究不可绕过的前沿阵地。2000 年，刘守仁院士筹措资金建立了分子生物学实验室，他 20 世纪 80 年代就有的"培育多胎"的想法终于有了具备实操性的现实路径。当时已年近七十的刘守仁敏锐地意识到基因技术对绵羊育种，特别是培育多胎肉用品系的重要性。

从零硕士、零博士到如今较为完整的硕、博人才架构，刘守仁始终用各种方式不断推进新疆农垦科学院的人才培养与科研团队建设，因为他知道，这才是绵羊育种希望与未来的保证。2005 年，刘守仁带领的团队成功培育出肉用、多胎肉用、超细毛三个新品系羊，极大地丰富了中国美利奴羊的多用性能，并与市场形成了有效对接。2007 年，他又再次筹措组建了体细胞克隆实验室，运用基因诊断技术建立的多胎等性状分子标记鉴定方法，再次加快新绵羊品系的培育速度。

为了培育细毛羊，刘守仁日复一日待在草原上，几乎没有时间顾家。为了不让妻子受苦，他托人在苏州为妻子找了工作，这一别，就是 20 余年。终于等到妻子退休返回新疆,这一对相知半生的夫妻终于团聚。不久，妻子因罹患重病去世，留下了充满愧疚和不舍的他。

刘守仁是家中独子，父亲离世后，母亲已经精力不济，他最后见到母亲时，老人只能躺在床上，拉着儿子的手默然垂泪。子欲养而亲不待，是他一生中的最痛。

这期间，远在苏州的亲人、母校的领导，还有很多高等学府多次向刘守仁发出呼唤和邀请，他都一一回绝了。"我活着不离开草原，死了也不会离开草原。我死后，三分之一骨灰撒在老婆子沟，三分之一骨灰撒在苜蓿地，剩下三分之一喂种公羊。"他常常对身边的人这样说。

刘守仁在紫泥泉待了 28 年，最难忘的记忆都关乎羊和牧民。当年帮助刘守仁做试验并与他结下生死之交的哈萨克族老牧民们相继去世。他请人从石材市场买来一块巨大的红色条纹石，在上面刻下"牧羊人陵园" 5 个大字，安放在紫泥泉一条山沟的入口处。每年清明，他都要回到紫泥泉为这些老友上坟祭奠。

2023 年 6 月 11 日,"中国军垦细毛羊之父"刘守仁因病在新疆石河子市去世，享年 89 岁。

（高方编写）

阿尼帕·阿力马洪：
慈母仁心情暖天山

在新疆阿勒泰地区青河县青河镇，有一位远近闻名的维吾尔族老妈妈，她与丈夫含辛茹苦将 19 个孩子养大成人，其中 10 个孩子是他们收养的来自不同民族的孤儿。她以人性中最为博大深沉的母亲胸怀，谱写了一曲感天动地的民族团结之歌。她就是感动中国的伟大母亲——阿尼帕·阿力马洪。

阿尼帕在家中 7 个孩子里排行老大，家境虽不宽裕，但在父母的呵护下也过得很快乐。然而这一切却随着父母的病逝而结束了。当时阿尼帕只有 19 岁，最小的弟弟还不满 1 岁，阿尼帕陷入绝望的深渊。幸运的是，勤劳善良的青年阿比包走进了阿尼帕的生活，和她一起承担起了抚养年幼的弟弟妹妹的责任。

丈夫微薄的工资收入难以维持一家人的生

● 阿尼帕·阿力马洪

● 全家福（6个民族180多口人组成的大家庭）

活，为了让弟弟妹妹们吃得饱饭、上得了学，阿尼帕挖野菜、拾麦穗、捡骨头煮汤，阿比包的业余时间都用来打工……两个年轻人在艰辛的生活中努力为年幼的弟弟妹妹们撑起了一个温暖的家。弟弟妹妹们小的时候，每当有人说"你们这些孤儿"时，便会立即反驳："我们不是孤儿，我们是阿比包的娃娃。"

1963年，阿尼帕的哈萨克族邻居亚合甫夫妇相继去世，留下了不满10岁的吐尔达洪三兄弟。3个孩子饥一顿饱一顿的凄苦生活让阿尼帕看在眼里，疼在心上。虽然自己家里也经常是吃了上顿愁下顿，但知道失去父母滋味的阿尼帕在与丈夫商量之后，还是毅然决然地将他们接到了家中。

那时，他们的第二个儿子刚刚出生，缺衣少食的生活让阿尼帕几乎没有奶水，孩子饿得直哭。为了贴补家用，阿尼帕生下孩子的第6天就去洗羊肠子挣钱。她每天要在冰冷的河边站大半天，手和腿都冻麻木了，腰也酸得直不起来，从那时起她便落下了风湿病。

1977 年 10 月底，青河县已是大雪纷飞、天寒地冻，阿尼帕的妹妹在县医院门口看到一个骨瘦如柴、头上长满了脓疮的小姑娘，便把她领到了姐姐阿尼帕家。小姑娘名叫王淑珍，是回族，因为母亲去世、继父重病而流落街头的她饱受冷落、歧视，对周遭世界充满了警惕。看到孩子怯怯的眼神，阿尼帕将她搂在了怀里。感受到母亲般温暖的王淑珍在阿尼帕的怀抱里放声大哭："我可以叫您妈妈吗？"稚嫩的声音让阿尼帕潸然泪下，她紧紧抱住王淑珍，再不能放手。

头癣让王淑珍自卑得不敢摘下头巾。阿尼帕为了给她治病，四处求医问药，奔波了半年多，小家伙的头癣终于被治好，长出了浓密的黑发。如今，人到中年的王淑珍依然留着及膝的长发。她说："这是妈妈送给我的礼物，我舍不得剪它，我要永远留着它。"

收养王淑珍一年后，阿尼帕把她的哥哥和两个妹妹也接到了家里。又过了几年，王淑珍的继父金学军去世，留下了 3 个孩子——金海、金花和金雪莲，阿尼帕又把这 3 个孩子也接到了家里抚养。就这样，阿尼帕先后收养了吐尔达洪三兄弟、王淑珍四兄妹、金家三兄妹共 10 个孩子，加上自己的孩子及弟弟妹妹，一共养育了 19 个孩子。

在那个艰难的岁月里，虽然维持 19 个孩子的吃穿用度很困难，但天生乐观、善于持家的阿尼帕并没有被生活的重担压垮，她相信日子会逐渐好起来。夫妻俩起早贪黑、省吃俭用勉强维持着一家人的生活，却坚持从牙缝里省出钱来让孩子们去上学。从 1963 年收养吐尔达洪三兄弟到 1994 年金雪莲出嫁，32 年岁月，阿尼帕夫妇从风华正茂到霜染鬓发，19 个孩子则一个个长大成人并成家立业，有的当干部，有的当工人，有的在经商，都成了母亲心中有出息的孩子。不同民族

● 2014 年 5 月 13 日，电影《真爱》在北京人民大会堂举行首映式。影片中主人公原型阿尼帕·阿力马洪与北京市新疆高中班学生合影

的兄弟姐妹生活在一个温暖的大家庭中，也让爱的种子深深扎根于每个人的心中。现在，阿尼帕一家已是四世同堂，有 6 个民族 180 多口人。当有人问阿尼帕的孩子们都是哪个民族时，阿尼帕老人总是说："在我家里，没有民族之分，他们都是我的孩子，我们是一家人。"

从艰辛的日子中走过来的阿尼帕平时用起钱来能省则省，但当有人需要帮助时，她总是倾其所有，不计回报。2008 年 5 月 12 日汶川大地震发生后，阿尼帕从不多的收入中拿出 1000 元捐给灾区，并向民政部门申请再收养地震灾区 10 个孤儿。在老人的感召下，全县有 10 多个家庭向民政部门提出收养汶川地震灾区孤儿的申请。

阿尼帕老人的故事感动着亿万中华儿女。这超越亲情、跨越民族的人间大爱，是一首壮丽的歌，将在中华大地上永远流传。

（阿依努尔·毛吾力提编写）

王华：永远绽放的天山雪莲

雪莲，生长于天山山脉海拔 4000 米左右终年积雪的悬崖陡壁上，象征着圣洁、坚韧和希望。今天我们所要讲的这个真实故事，如高山上的雪莲，迎风傲雪，散发着圣洁之光。

2010 年 3 月 30 日，全国对口支援新疆工作会议在北京闭幕。根据会议精神，19 个援疆省市将建立起人才、技术、管理、资金等全

● 江苏省第八批援疆干部王华

● 王华（左）在新疆
生产建设兵团第四
师六十九团调研

方位对口援疆的有效机制，把保障和改善民生置于优先位置，着力帮助各族群众解决就业、教育、住房等基本民生问题，支持新疆特色优势产业发展。19 个援疆省市积极响应党中央号召，将一流的技术、管理、人才源源不断地输入新疆。时至今日，千千万万名援疆干部在新疆这片土地上挥洒他们的汗水，用他们的家国情怀，用他们的责任担当，用他们对祖国、对同胞最真挚的爱，留下了一个个感人肺腑的故事。

王华出生在江苏镇江丹阳一个清贫的农民家庭，1994 年以优异成绩考入中国人民公安大学。大学期间，因表现优异，他荣获北京市"三好学生"称号，并光荣地加入了中国共产党。毕业后，王华进入丹阳市公安局刑警大队工作，历任民警、机关干部、乡镇党委副书记、镇长、镇党委书记，经历了多岗位锻炼。2012 年 2 月，王华被提拔为句容市副市长。2013 年，他积极响应号召，主动请缨，踏上了西去援疆的征程。

2013 年 12 月，王华阔别亲友，远离家乡，肩负组织重任，作为江苏省第八批援疆干部来到新疆伊犁，担任镇江对口支援新疆生产建设兵团第四师可克达拉市前方指挥组副组长和第四师师长助理。

"美丽的夜色多沉静，草原上只留下我的琴声……等到草原上送来春风，可克达拉改变了模样，姑娘就会来伴我的琴声……"王华来到了《草原之夜》中所唱到的可克达拉，但可克达拉不是世外仙境，要改变可克达拉的"模样"，需要投入大量的人力、物力和财力。从鱼米之乡到草原泥泞的小径，近三年时间，王华不知道走破了多少双鞋。一次次地入户调研，一遍遍地核查数据、设计方案，一

● 在王华（左一）的帮助协调下，几近双目失明的巴依兰（右二）赴江苏进行了免费的眼角膜移植手术，由此重见光明

● 王华（右一）在可克达拉镇江高级中学工地现场办公

次次地跑项目、筹资金，一点一滴都记录在了王华的工作笔记里。一屋子的书和材料，7大本密密麻麻的工作笔记，见证着王华一步一个脚印的援疆之路。这些工作笔记，朴实无华，却让我们看到了王华对新疆的情、对祖国的爱。每一页笔记，都见证着王华是怎样将整个身心都扑在了这片土地上。

2014年初，王华在兵团第四师医院调研时看到医院楼道里加满病床，他连夜打报告，开始一趟趟跑资金，一次次递申请，为医院增建住院楼前后奔波。这些举动让江苏省对口支援伊犁哈萨克自治州前方指挥部指挥长田洪对王华的执着印象很深刻。在王华的努力下，医院新建的17层大楼投入使用。

再穷不能穷教育。可克达拉镇江高级中学的建设更是让王华操碎了心，连过春节都在开会讨论方案。功夫不负有心人，可容纳 60 个班 3000 名学生就读并可全寄宿的可克达拉镇江高级中学校园里，传出了孩子们琅琅的读书声。保障房小区、社区服务中心在他的奔走下投入使用；他资助的学生考上了大学……2014 年以来，在王华的带领下，镇江前方指挥组累计投入援建资金 3.93 亿元用于团场民生设施建设，其中超过 80% 的援疆资金投向民生改善、职工增收、城镇化、教育等领域，实惠"看得见、摸得着"，正如歌中唱的那样，可克达拉真的"改变了模样"。

斗转星移，王华在新疆已度过了近三年时光。2015 年 8 月 18 日，他与时任兵团第四师可克达拉市党委书记、政委张勇一起，赶赴兵团第七师奎屯市参加江苏省对口支援兵团工作座谈会。初秋的果子沟风景如画，车中的王华却无心欣赏窗外美景，拿出熬了半宿写的工作汇报材料，开始给坐在前排的张勇汇报工作。

一声巨响，疾驰的车子与一辆运载砂石料、正穿过高速公路的货车发生碰撞，张勇多处骨折，王华身负重伤。2015 年 8 月 18 日 15 时 08 分，车祸发生后不到两小时，王华的心脏停止了跳动，终年 41 岁。时间将一切定格在了王华援疆的第 983 天。这一天，4000 多公里外的江苏镇江，王华的妻子——大学和他相识后一路走来的王翔，正数着日子期盼他的归来。这一天，距离他结束援疆工作返回江苏仅剩百余天。

983 个日日夜夜，王华用生命书写了援疆工作的华美篇章。在亲人眼中，他是懂事的孝子；在群众眼中，他是一个没有官架子的好干部；在同事眼中，他是一个好领导、好兄弟。

2015年8月19日，王华的灵柩从博乐市运往伊宁市途中，各族干部群众自发排成长队，拉着黑底白字的横幅，一路为他送行。在此后护送王华骨灰回家的过程中，除了他的亲人外，王华大学时的10多名同学也自发来到新疆护送骨灰。

祖国不会忘记，新疆各族人民更不会忘记。王华的忠魂留在了天山，化作一朵雪莲，永远开在高山之巅。

（阿依努尔·毛吾力提编写）

王桂珍：百姓们的"阿同汗"

在新疆昌吉回族自治州呼图壁县呼图壁镇双桥社区（现为阿同汗社区）团结巷，有一位耄耋老人，叫王桂珍。这位老共产党员，40多年如一日无偿照顾年老体弱的维吾尔族邻居，用自己的真情和实际行动，默默奉献，无私付出，得到了社区居民的一致赞誉和好评。

如今王桂珍已80多岁，却依然走在奉献的

● 呼图壁县"阿同汗"志愿服务队队长王桂珍（左）看望生活困难的老人

● 在呼图壁县华洋小区，王桂珍（左三）与"阿同汗"志愿服务队队员带着慰问品去看望孤寡老人

路上，大家都亲切地称她"阿同汗"，维吾尔语"金子般的心"之意。

她的善良：给维吾尔族邻居送温暖

2004年，因绿化改造工程建设需要，王桂珍家的房屋被拆迁，一家人搬到了双桥社区团结巷。新邻居是一位维吾尔族老人，名叫海力其汗，因年龄大，又加上摔伤了右腿，走起路来极不方便。海力其汗的大女儿阿衣古丽患有严重的肺心病，全身水肿，连一棵白菜都抱不动。生活不能自理的母女俩相依为命，艰难度日。

见此情景，王桂珍伸出了援助之手。她每天到海力其汗家为她们打扫院子，还坚持每月帮她们把粮油买回家。遇到居民区停水，王桂珍就从远处提来水帮海力其汗家把水缸注满，水电费也都由她代交。

　　春天，王桂珍帮海力其汗在她家小院种上花草和丝瓜，到夏天，整个院子处处绿荫。冬季，王桂珍两口子把海力其汗家院内院外的积雪打扫得干干净净，以防母女俩滑倒。

　　每次王桂珍去看望海力其汗娘俩，她们都十分感激，亲热地叫她"阿同汗"，赞她有一颗金子般的心。

她的坚持：就想为周围群众做点好事

　　王桂珍居住的小区的居民一半以上是少数民族，与她家相邻的尼牙孜汗丈夫早年病故，她一个人带着 7 个孩子生活，如今孩子们都不在身边，自己又瘫痪在床，日子过得非常艰难。王桂珍每天去她家照看

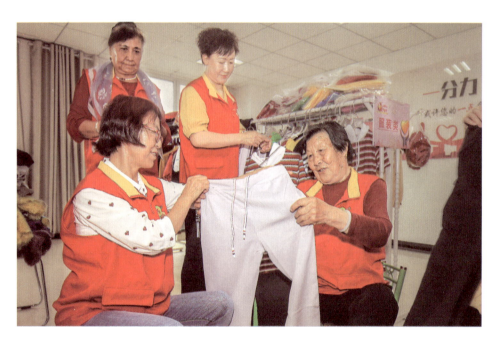

● 王桂珍（右一）与"阿同汗"志愿服务队队员在呼图壁县呼图壁镇阿同汗社区爱心超市整理衣服货品

她，帮她做饭、洗衣、打扫房子。尼牙孜汗经常被感动得热泪盈眶，逢人便夸赞她是"阿同汗"。就这样，王桂珍用真情帮助尼牙孜汗度过了9个艰难的春秋。2011年5月，尼牙孜汗病情恶化，临终时她拉着王桂珍的手，颤抖着一句话也说不出来。"放心吧！你的儿女就是我的儿女，我会尽力帮助他们！"王桂珍说。

　　像尼牙孜汗这样得到王桂珍帮助的人还有很多。同一小区的阿巴斯1993年遭遇车祸，一条腿残疾。多病的妻子、幼小的女儿，再加上一个智力残疾的老哥哥，一家人生活十分困难。王桂珍用自己捡废品的收入给他们一家送去米、面、油等生活必需品，还时不时上门帮他家做点家务。几十年来，照顾和帮助困难家庭已经成为王桂珍生活的一部分。

　　一袋米、一桶油、几件衣服、100元钱……多年来，王桂珍累计捐出的财物达数万元。40年来，王桂珍先后无偿照顾了240多名维吾尔族、哈萨克族、回族老人和留守儿童。其实，王桂珍家里并不宽裕，丈夫陈好德是企业退休工人，她自己是"五七工"。为了帮助周围生活困难的各族群众，王桂珍就捡空瓶子、废纸箱换钱接济他们。

　　"她这个好邻居，一贯坚守把'善'字搁在前面，这么多年做善事不图回报。"双桥社区维吾尔族居民努尔古丽如是说。对品格高尚的人，人们不会吝惜赞誉之词。渐渐地，团结巷里的各族群众都称王桂珍"阿同汗"。

　　问及今后的打算，王桂珍笑着表示："我虽然人老了，可心却不老，感到浑身都是劲。我要去帮助更多的人，要把好事做一辈子。"

● 王桂珍（左一）与"阿同汗"志愿服务队队员一同在小菜园里给菜浇水

她的努力：希望更多人加入"阿同汗"队伍

王桂珍用行动践行和弘扬中华传统美德，如一支燃烧自己、照亮他人的蜡烛。2013 年，社区各族群众先后自发创建了"阿同汗"志愿服务队和"阿同汗"爱心互助金，主动要求和王桂珍一起去做好事的人越来越多，福建宁德市援疆干部也自愿加入了"阿同汗"志愿服务队。慢慢地，"阿同汗"志愿服务队如滚雪球般发展壮大，越来越多的人加入到志愿服务活动中。如今，呼图壁县"阿同汗"志愿服务总队下设了"爱心妈妈""雷锋车队""团结之花""健康快车""金燕子"等 168 支分队，注册志愿者达 2.6 万余人，由汉族、维吾尔族、哈萨克族、回族、锡伯族、柯尔克孜族等多个民族组成。"阿同汗"志愿服务队先后两次荣获"全国百个最佳志愿服务组织"称号，王桂珍被中宣部评为"全国岗位学雷锋标兵"。

2018 年"两会"期间，自治区人大代表王桂珍自豪地说："我是代表'阿同汗'们来的，希望更多的人加入这个队伍，为社会公益事业作贡献。"

如今，以王桂珍的维吾尔族名字"阿同汗"命名的"阿同汗"志愿服务队已成为呼图壁县民族团结的金名片。"阿同汗"志愿服务队从点滴做起，"阿同汗"的故事每天都在继续，他们是播种者，撒下一粒粒爱的种子。

以呼图壁县"阿同汗"志愿服务队队长王桂珍为原型拍摄的电影《阿同汗》于 2018 年上映，反映出一座小城播撒出的真爱力量。

2020 年，王桂珍再获殊荣，被中宣部评选为 2020 年度全国学雷锋志愿服务"四个 100"先进典型"最美志愿者"。

"活到 100 岁，做公益做到 100 岁，带动更多人加入公益大家庭。"这是有着一颗"金子般的心"的王桂珍最大的心愿。

（张芹芹编写）

潘玉莲：爱心课堂点亮心灯

在新疆喀什地区疏勒县疏勒镇新市区社区，有一间宽敞明亮的"爱心小课堂"。与孩子们在学校里的课堂有所不同的是，这间课堂更像一个被大家用心爱护和装点的家：湖蓝色的窗帘，湖蓝色的小桌套，窗台上的绿植生机盎然，墙壁上贴满了孩子们五颜六色的画作……坐在课堂里的老师是一位白发苍苍的老奶奶。老奶奶名叫潘玉莲，她和这间"爱心小课堂"的故事传遍了天山南北。

1942 年 9 月，潘玉莲在疏勒县出生，父亲是汉族，母亲是维吾尔族。她从小就精通汉语和维吾尔语，上学时又掌握了英语和俄语，颇有语言天赋的她曾做过维汉语翻译和俄语翻译。1987 年，因家庭变故，迫于生计，潘玉莲到工地上当泥瓦工，后来又独自前往西藏阿里地区普兰县做餐饮生意维持生活。在西藏的 6

● 潘玉莲在"爱心小课堂"领读课文

年间，她起早贪黑打理生意，同时利用空闲时间学习藏语，很快就能够用藏语和当地人进行交流。生活刚有转机，家里的又一场变故迫使她不得不于1992年回到疏勒县。

回到疏勒县生活时潘玉莲已年近半百，和儿子相依为命。1992年夏天，潘玉莲发现邻居的孩子们假期里和放学后总是在街上跑来跑去追打玩耍，既学不到知识又不安全，便萌生了在家里办个"爱心小课堂"的想法。那时南疆很多少数民族孩子不会说国家通用语言，潘玉莲就在"爱心小课堂"给孩子们教国家通用语言，补习功课，既能让家长省心，还能让孩子们学到知识。

那时候潘玉莲的家只有两间屋子，她把最大的一间腾出来做小课堂，昏暗的灯光，一块小黑板，几张破桌椅，不收取任何费用，只要孩子们肯来就行。街坊邻里知道后很高兴，想着孩子放学后终于有人管了，可淘气的孩子们只想着疯玩，没有几个愿意来的。

即便只有几个孩子来，潘玉莲也认真备课、讲课。她教孩子自有一套妙法。每天上课前，她都要让孩子们面对国旗齐唱国歌；她时常给孩子们讲新中国的历史，让孩子们珍惜来之不易的幸福生活；她要求每个孩子必须掌握国家通用语言的同时，还要会简单的英语。孩子们每天进小课堂的第一句话，是用英语礼貌地问："May I come in？"对作业写得好的孩子，她发一个小本子或贴一朵小红花作奖励，要是谁当天完不成作业，再晚她也会陪着。

"给好心，不给好脸。"这是潘玉莲经常挂在嘴边的话。孩子们并不真正怕她"不给好脸"。"潘奶奶脸上凶，心里面是爱我们的。"有孩子这样说。后来，就是那些特别调皮捣蛋的孩子，为了漂亮的小红花、小本子、铅笔、橡皮，也肯安安静静地坐着把作业写完了。

到了冬天，潘玉莲总是赶在孩子们来之前生好炉子，烧好热茶，

● 潘玉莲正在为孩子们生炉子

让孩子们在寒冷的冬天喝上热乎乎的放了冰糖的茶水。为了能更好地辅导孩子们的功课，她还自费购买了大量教辅图书。小学各学科课本哪一章是什么内容，她都记得清清楚楚。为了给孩子们准备奖品，她每月的低保金除了维持生活必需，都用来买铅笔、小本子等学习用品，钱不够时她就拖着患有旧疾的老腿，步行几公里去捡废品卖。

"爱心小课堂"设在家里，可家里却不止潘玉莲一人，还有儿子、儿媳、孙女。儿子潘三虎打趣说："家里两间房，中间隔一道墙。娃娃们在那个屋里读唐诗，读书声震得屋顶都直掉土渣子，我们在这个屋就啥事也干不了了，到头来我都会背了。"

时间一长，来潘玉莲"爱心小课堂"的孩子学习成绩都有了明显提高，慕名而来的人越来越多，小课堂逐渐变成了大课堂。20 多平方米的小房间装不下，就挪到屋外的大空地上教，最多的时候，课堂上坐着上百名学生。

2011 年的一天，在外打工的潘三虎在安装窗户时不慎滑落摔倒，引发脑梗死，从此瘫痪在床。潘玉莲一边往医院跑着照顾儿子，一边仍不忘给孩子们上课。有一次，当她匆忙赶回医院时，竟发现儿子从床上摔了下来，她心疼坏了。面对千疮百孔的家，不堪重负的儿媳抛下 6 岁的孙女选择离开。从此，一家三代三口人过日子。

即使是这样雪上加霜的日子，潘玉莲也没有停办她的"爱心小课堂"。有人商量着给她交些钱作为报酬，被她拒绝了。有人偷偷把钱塞在她家枕头底下，被她发现后又如数还了回去。她说："如果你们真想帮我，就给孩子们买些文具吧。"

● 潘玉莲和孩子们在一起

　　时光荏苒，"爱心小课堂"一办就是 28 年，从小课堂里走出的各民族孩子已经超过 2000 人。他们有的考上了新疆高中班，有的正在上大学，有的已经参加工作……一到节日假期，他们就从四面八方赶来看望潘玉莲。

　　上课不迟到，考试不作弊，不能拿别人的东西，做事要认真，做人要勤劳、有礼貌……这是潘玉莲为"爱心小堂课"的孩子们定下的规矩。现在疏勒县人民医院当护士的谢幕西努尔·买买提，工作 5 年来从未迟到过，对待病人既耐心又细致，受到各族患者好评。她说，这些都得益于在潘奶奶的"爱心小课堂"培养的好习惯。

　　已人到中年的吾拉音木·卡德尔父母去世早，他 12 岁时就认识了"潘妈妈"，"潘妈妈"无微不至的关心一直温暖着他的心灵。长大后，吾拉音木·卡德尔总是乐于助人，两年前还帮助翻修了潘玉莲一家的房子。

2013年底，潘玉莲所在的新市区社区专门为她腾出一间办公室作为新教室，还重新装修，添置了课桌椅，能容纳40多个孩子学习。2017年，潘玉莲被评选为首届"感动喀什"十大人物之一，她和她的"爱心小课堂"引起社会广泛关注。2018年，潘玉莲荣获"全国三八红旗手"称号。2019年，潘玉莲又荣获第七届"全国道德模范"提名奖，并被评为"全国民族团结进步模范"。

"这些年，党和政府千方百计为办好'爱心小课堂'创造条件。虽然年纪大了，但我更有干劲了。我最大的心愿，就是看着这些孩子都成为优秀的人。"潘玉莲说，只要身体允许，她会将"爱心小课堂"一直办下去。

（高方编写）

库尔班·尼亚孜：
照亮孩子们的成长之路

在新疆阿克苏地区乌什县依麻木镇，有位名叫库尔班·尼亚孜的小学校长。2003 年，他创办了一所民办国家通用语言小学，让学生接受中华优秀传统文化的熏陶，用教育为孩子们搭建起一座通向现代文明的桥梁。如今，从这所学校走出去的学生不少考入了北京、天津等地的大学，更重要的是，他让孩子们走出了狭隘和封闭，把对国家、对中华民族的认同感深深根植在了孩子们的心田，照亮了孩子们未来的成长之路。

创办新疆第一所民办国家通用语言小学

库尔班·尼亚孜的名字是他父亲给起的。父亲给他取名"库尔班"，是希望他做一个像库尔班·吐鲁木那样热爱党、热爱祖国、热爱中

● 库尔班·尼亚孜和依麻木镇国家通用语言小学的孩子们

华民族大家庭的人。

　　1982 年，库尔班·尼亚孜考入新疆大学中文系，成为乌什县依麻木镇走出去的第一个大学生。大学毕业后，因为会说国家通用语言，擅长沟通，库尔班·尼亚孜做过老师，经过商，走遍了大半个中国。1999 年，他回到家乡开药店。一天，一位老人带着孙女来到库尔班·尼亚孜的药店，库尔班·尼亚孜看到孩子脸上长满了水痘，就告诉老人如何治疗，谁知老人却斥责他："我的孩子是因为长得太漂亮了，被人妒忌，遭了诅咒才会成这样的。"类似的事情见得多了，库尔班·尼亚孜深深意识到，只有学习国家通用语言文字、学习科学知识，才能够帮助大家摆脱精神的匮乏和思想的落后。教育要从娃娃抓起。于是，2003 年，库尔班·尼亚孜拿出家里所有的积蓄 60 余万元，创办了新疆第一所民办国家通用语言小学——乌什县依麻木镇国家通用语言小学。

刚开始，没人愿意将孩子送到这所民办国家通用语言小学读书，也没几个人愿意到这所没有编制的民办学校当老师。库尔班·尼亚孜没有放弃。他挨家挨户宣传学习国家通用语言文字的重要性，动员乡亲们送孩子来学校学习。功夫不负有心人，最终招到了 87 名学生。

用中华优秀传统文化浸润孩子的心灵

办学之初，库尔班·尼亚孜为了培养孩子们的学习兴趣，从外地请来快板老师，教孩子们打快板，还利用电视机、录音机来辅助他们学习国家通用语言……变化从一点一滴开始，经过一段时间的努力，孩子们能认真地听讲、写作业，并能用国家通用语言简单地进行交流了。家长们也发现自己的孩子学到的知识比过去多了，变得懂事了，对学校的教育内容、教育模式逐渐开始认可。

现在，国学文化教育已成为依麻木镇国家通用语言小学的必修课。在新建的校园里，教学主楼前立着中国古代教育家孔子的塑像，教室两边的墙壁上随处可见国学经典宣传画、教育家的名言等，全体师生时时处处都能受到中华优秀传统文化的浸润。国学课堂上，孩子们认真练习书法，在一笔一画中体验书法艺术的博大精深；在少年宫里，他们认真地练习古筝，悠悠古韵陶冶着孩子们的艺术情操；《花木兰》《红灯记》《沙家浜》……这些豫剧、京剧中的经典片段，

● 库尔班·尼亚孜教孩子们打腰鼓

每个学生都会唱。

　　除了在国学课堂上教授中华优秀传统文化知识，库尔班·尼亚孜还将中华饮食文化、礼仪文化等多种文化带入孩子们的生活中，将对中华文化的认同注入孩子们幼小的心灵。每逢端午节、中秋节等中国传统节日，学校都会组织师生包粽子、吃月饼，感受中华传统文化特有的氛围。

　　如今，中华优秀传统文化教育不仅在依麻木镇国家通用语言小学落地生根、蓬勃发展，还通过"小手拉大手"的形式走进一户户农民家里。学习国家通用语言文字、学习中华优秀传统文化，成了依麻木镇各族群众的共识。每到开学季，学校门口都围满了家长，他们争先恐后地伸长胳膊晃动着手中的报名表，希望把自己的孩子

送进这所学校学习，而学校的学生也从当初的 80 余名增加到了现在
的 800 余名。

照亮孩子们未来的成长之路

　　教育是光，光明多了，黑暗就少了。20 年来，库尔班·尼亚孜创
办的国家通用语言小学为近百名家庭困难的学生免除了学费，累计培
养出了 1000 多名毕业生。2010 年，依麻木镇国家通用语言小学第一届
毕业生报考新疆初中班，38 名考生有 32 名被录取。2016 年，学校第
一届毕业生穆萨·图尔贡以 701 分的成绩考取了清华大学，成为乌什
县第一个被清华大学录取的学生；同时，还有一大批学生到北京、天
津等地上了大学。这些既熟悉本民族文化，又掌握了国家通用语言文

●　依麻木镇国家通用语言小学的教师在上课

字，深受中华优秀传统文化浸润，一心向党、热爱祖国、心胸开阔、目光远大的孩子们，他们的人生之路必将会越走越宽广，未来也必将会成为建设祖国的有用之材。

近年来，库尔班·尼亚孜先后荣获"改革先锋""全国民族团结进步模范个人""全国五一劳动奖章""全国劳动模范""全国道德模范""最美奋斗者""全国优秀共产党员"等多项荣誉。

"这个新时代是奋斗者的时代，也是追梦人的舞台，让更多的孩子学习国家通用语言文字，学习中华文化，成为最自豪最骄傲的中国人，这就是我奋斗的目标。"库尔班·尼亚孜坚定地说。

（玛依拉·吾拉音编写）

叶尔勒克·孜亚班：
带领红叶林中的村庄脱贫奔小康

合孜勒哈英村位于新疆阿勒泰地区布尔津县冲乎尔镇，地处阿勒泰千里画廊、千里花海和喀纳斯旅游主干线，村庄周边红叶林、白桦林等河谷自然景观丰富秀丽。但这里人多地少，靠传统的农牧业难以带动村民脱贫。2017年，眼看乡亲们守着美丽的青山绿水却吸引不来游客，以村支部书记叶尔勒克·孜亚班为首的村党支部决定：打造景区次接待基地，拓展村民增收途径。几年来，村"两委"和驻村工作队带领乡亲们走上了靠山吃山、靠水吃水的绿色致富路。2019年，全村人均纯收入达1.64万元，两年多时间人均增收6800元。

"主意是好，可真正发动群众干起来却不容易。刚开始工作难做，村民思想观念转变不过来，担心餐具、被褥等1万多元的投入无法

● 红叶林中的村
庄——合孜勒哈
英村

收回。"叶尔勒克回忆当年着手实施这项计划时的情景说。

　　起初都是小打小闹，外地游客不稀奇，本地游客不稀罕。村党支部深入学习了自治区关于大力发展旅游产业的相关政策，选派村干部外出考察学习，多次召开党员大会商议发展思路，最终确立了"党支部＋旅协会＋党员"的发展路子。

　　2017年，他们以村党支部为主导，成立了红叶林民俗家访旅游协会，16名党员示范带动11户村民参与。村党支部出面聘请专业人员对协会会员进行烹饪、服务接待等培训，并想方设法联系客源，统筹分配安排游客入住。"只有党员带头、村党支部统筹先干起来，才会有出路。"叶尔勒克说。

接下来，他们对民宿的院落环境、会员标识、服务项目、经营销售等进行规范化管理，使得这里的特色民宿更具档次和规模。民宿天然具备发展庭院经济的优势，村民家中自产的蔬菜、土鸡、牛羊肉等天然绿色食材被端上了餐桌，深受游客的青睐。同时，村党支部邀请专家进村开展烹调、宾馆服务、礼仪接待等专项技能培训，建设游客服务中心，规范民宿旅游运行。服务质量上去了，良好口碑传开了，合孜勒哈英村的红叶林民俗家访旅游一下火了起来，成了远近闻名的"网红村"，还被国家民委命名为"中国少数民族特色村寨"，慕名而来的游客越来越多。一年下来，红叶林民俗家访旅游协会接待游客超过 6000 人，协会会员平均收入达到 5 万元左右。2017 年以来，全村累计接待游客 30 多万人次，直接带动 100 多人就地转移就业。

● 村干部到群众家中走访

2020 年，为把新冠疫情影响降到最低，合孜勒哈英村办起了"电商＋直播"培训，组织十几名村民进行网络直播，推销民族服饰、刺绣、马奶等特色产品，人均增收 3000 元以上。他们还抢抓"新疆人游新疆""家乡人游家乡"旅游契机，推出特色乡村游、玩转五彩滩——冲乎尔—喀纳斯 4 日游等旅游项目，吸引游客 2200 余人。村民阿尔什古丽·居马汗家一天就接待了 5 批游客，收入近万元。

得益于稳定红利反哺，合孜勒哈英村的绿色致富路越走越宽，乡亲们的钱包越来越鼓。

红叶林民俗家访旅游协会会员塔拉夫汗·阿布哈孜开心得合不拢嘴："村党支部的创意给我们带来增收，守着自己的家就能赚钱。不过，我们的服务能力还有限，与游客要求还有距离。"在旅游旺季到来前，塔拉夫汗早早就对部分房间设施进行了更新改造，还在自家院子里搭建了毡房，让游客拥有更多的民俗体验。

合孜勒哈英村还把冬季旅游作为今后的重点发展方向，完善基础设施建设，以"滑雪、玩雪、赏雪"为主题，开发赏雾凇美景、马拉雪橇、冰雪摄影等文旅项目，进一步拓宽村民增收渠道。

在天山南北，不少基层党组织都像合孜勒哈英村党支部一样，在想方设法盘活当地特色产业和优势资源，为农牧民增收寻求新的路径。

（高方编写）

阿依帕尔·艾斯卡尔：带着全村摘穷帽的"九零后"

2020 年 6 月，江西鹰潭市。

想起这几个月的变化，拜合提古丽·买买提仿佛还在梦境中。以前她只是一个整天照顾孩子的农村妇女，现在成了江西鹰潭市新疆特产店的店长，月薪 6000 元。

拜合提古丽是新疆克孜勒苏柯尔克孜自治州阿克陶县巴仁乡巴仁村的村民。"在阿书记的支持和帮助下，我们在江西鹰潭市开了一家新疆特产店，现在有 7 名村民在这里经营。别看阿书记年龄小，带我们赚钱的本事可不小！"拜合提古丽感慨地说。

拜合提古丽口中屡次提及并称赞有加的"阿书记"，就是阿依帕尔·艾斯卡尔。2017年底，克孜勒苏柯尔克孜自治州党委组织部公务员二科科长阿依帕尔·艾斯卡尔来到阿克陶县巴仁乡巴仁村担任克孜勒苏柯尔克孜自治州党委组织部驻巴仁村工作队队长、第一书记。

这个"九零后"女孩，肩负起巴仁村脱贫攻坚的重任。她扎根群众，在贫困堡垒的攻坚之地冲锋陷阵，用不到三年时间，让村庄变了样。

巴仁村人多地少、土地贫瘠，人均耕地面积仅1.3亩。如何带动群众脱贫致富，是阿依帕尔一直在思考的问题。

2019年5月，在阿依帕尔协调下，投资1000余万元的村办企业——新仁建材公司正式成立，吸纳了15人稳定就业，当年就为村集体增收731万元。公司又通过分红、购买服务等方式，增设了公益岗位，使130多户贫困户每户每月平均增收1200元。2020年初，巴仁村又争取到159头扶贫牛，阿依帕尔说动养殖能手图尔贡·阿布拉成立牧仁农民专业养殖合作社，吸纳了7名贫困人员就业，并承诺当年就给村民分红。

为了拓宽村民的增收门路，2018年村里还成立了烤馕合作社，日产8000—10000个馕，吸纳本村30人稳定就业，人均月收入2000元以上。

贫困户麦麦提·居马就是依靠产业实现就业的村民之一。他家人多地少，生活非常困难。为了帮助麦麦提一家人改变生活状况，阿依帕尔每天都到麦麦提家里和他谈心，帮他重拾生活的信心。"阿依帕尔得知我学过打馕技术，就把我安排到村里的烤馕合作社，帮助我们一家人实现了脱贫。我要继续好好工作，努力挣钱！"麦麦提开心地说。

● 巴仁村幼儿托管中
心为家庭困难儿童
发放慰问物资

2019 年底，巴仁村农民人均收入同比增长 1025 元，建档立卡贫困户 318 户 1563 人脱了贫。这个贫困发生率曾达 43.3% 的深度贫困村摘掉了穷帽子。

穷帽子摘掉了，但要让村民走上致富路，必须找到一个稳定增收的办法。阿依帕尔想了很多，本地就业岗位毕竟有限，得让村民们走出去才行。当有过外地打工经历的拜合提古丽跟阿依帕尔提起外出就业的想法时，阿依帕尔决定，干脆给愿意出去的村民开个店，一方面销售村民自己生产的农产品，一方面可以解决村民的就业问题。说干就干！她跟江西省援疆干部一商量，就把店址选在了鹰潭市。

从 2019 年底到 2020 年 6 月，阿依帕尔先后 3 次到江西，带领 7 名村民把店开了起来。在她的努力下，店里的产品被列入了当地消费扶贫产品目录，还进了当地商超。看着店里的生意一天比一天好，头脑灵活的拜合提古丽萌生了自己开店的想法。在又一次去江西时，阿依帕尔决定在九江市再开一家分店，支持拜合提古丽独立创业。

　　拜合提古丽虽然人在江西，却一点也不担心家里的事："白天孩子放在村里的幼儿托管中心，晚上爷爷奶奶来照顾他们。"

　　又是阿依帕尔为他们这些外出就业人员解决了后顾之忧。初到巴仁村时，阿依帕尔了解到许多儿童白天无人照顾，便向相关单位申请项目资金 20 万元，建起县里第一家幼儿托管中心，安排 43 名儿童入园。随后，巴仁村又成立了老年人日间照料中心，13 位无人照顾的老人住进照料中心安享晚年。"老有所养，幼有所托，解决了大家的后顾之忧，我心里就踏实了。"阿依帕尔说。

　　"要不是她，我的手肯定就残疾了。"提起阿依帕尔，村民阿曼古丽·阿布都热依木满是感激。2019 年 10 月，阿曼古丽在操作面粉机时右手不慎卷进机器，阿依帕尔闻讯立刻赶来将阿曼古丽送往喀什市医院医治，并动员干部群众捐款，为阿曼古丽凑齐了手术费。经过两

● 为幼儿托管中心儿童过生日

● 阿依帕尔·艾斯卡尔（左前）和村里文艺表演队的成员在一起

次手术，阿曼古丽的右手保住了。

"有阿依帕尔在，我们遇到什么困难都能解决。"阿曼古丽动情地说。

阿依古丽·艾买提是返乡大学生，2017 年底，她正打算找工作，阿依帕尔找上门来，动员她参选加入村委会。

"巴仁村曾是深度贫困村，只有加强党员和村干部队伍建设，才能带领村民走上脱贫增收路。"阿依帕尔对村"两委"班子进行调整充实，先后吸纳两名未就业的返乡大学生进入到村"两委"班子。

为解决村干部"不会干"的问题，阿依帕尔实行了驻村干部、村组干部扁平化实名制包户制度和网格化"双联户"制度，教方法，交任务，定职责，有考核，有奖罚，为党员干部设岗定责，以点带面。依托援疆渠道，阿依帕尔每年都选派村干部到其他省市学习培训，她坚信："走出去才能发现不足，学习先进经验，提升工作能力。"

巴仁村构建"党建＋合作社＋农户"的发展模式，统筹村里 10 个专业合作社成立 6 个党支部，基本实现"把党组织覆盖到各个角落"的目标。现在，村子里有越来越多的村民积极向党组织靠拢。

现在的巴仁村组建了文艺表演队和妇女模特队，村民们闲暇时有了丰富多彩的娱乐活动；家家户户有了家庭浴室、水冲式厕所，村民们长时间洗不上一次澡、厕所又脏又臭的问题解决了；村民的院子进行了硬化，不再是"雨天一身泥、晴天一身土"。

看着村里的一切变得越来越好，阿依帕尔欣慰地笑了："巴仁村就是我的第二个家，村民日子过好了，我的工作才有价值！"

（刘杉编写）

拉齐尼·巴依卡：
帕米尔高原上的雄鹰

● 拉齐尼·巴依卡

2021 年 1 月 4 日，在喀什大学参加培训的拉齐尼·巴依卡与舍友正准备去餐厅吃饭，突然听见一阵哭喊声，原来是一个小男孩在校园内结冰的人工湖上玩耍时掉进了冰窟窿。拉齐尼奋不顾身上前营救。孩子得救了，拉齐尼的生命却永远定格在了 41 岁。

1979 年 4 月出生于新疆塔什库尔干塔吉克自治县提孜那甫乡提孜那甫村的拉齐尼，生前是第十三届全国人大代表、村委会委员、护边员，获得国家、自治区等各级表彰数十项。2020 年 10 月 20 日，在全国爱国拥军模范表彰大会上，拉齐尼受到了习近平总书记的亲切接见。

遗像中的拉齐尼，头戴一顶塔吉克族特色毡帽，面庞紫红，笑容憨厚，眼神里透着纯朴、真挚和坚定。拉齐尼年逾七旬的父亲巴依

● 拉齐尼·巴依卡在第十三届全国人民代表大会上认真学习

卡·凯力迪别克呆呆地看着前方，眼里满含泪水。边防连官兵不愿相信，几天前还在一起巡边的拉齐尼大哥走得这样匆忙。寒风再起，帕米尔高原的纵横沟壑间，几名护边员骑着摩托车消失在天际，扬起的积雪像雾，朝湛蓝的天空慢慢散去……

在雄伟的帕米尔高原上，有一个叫"红其拉甫"的地方。红其拉甫，意为"血染的通道"。这里平均海拔超过 4300 米，氧气含量不足平原地区的一半，风力常年在 7 级以上，最低气温达零下 40 多摄氏度。

自 1949 年 12 月红其拉甫边防连正式成立，拉齐尼的祖父凯力迪别克、父亲巴依卡就常年为边防连官兵义务做向导，巡逻在帕米尔高原至喀喇昆仑山脉、中巴边境的冰峰雪岭之中，先后达 50 多年。2004 年，拉齐尼从年迈体衰、当了 30 多年义务向导的父亲手中正式接过了戍边的"接力棒"。

"我的爷爷曾和解放军一起，用军马驮着界碑走了五天五夜，将

● 拉齐尼·巴依卡（右三）与边防连官兵在一起

界碑竖立在吾甫浪沟的点位上。"红其拉甫边防连官兵至今不能忘记拉齐尼聊起这事时脸上的自豪神情。

听着爷爷和父亲的故事长大的拉齐尼，自小就非常勇敢。1987 年暑假，8 岁的拉齐尼刚从提孜那甫回到红其拉甫，就听说边防连有一名哈萨克族新兵在巡边中迷路走失，大家都非常担心。小拉齐尼跟随父亲巴依卡带着部分边防连官兵经过一整夜的搜寻，终于找到了迷路的新兵，由于救治及时，挽救了新兵的生命。2002 年，来自湖南的新兵王剑因高原缺氧病倒了，拉齐尼主动要求照顾他。洗脸、接尿、擦拭身体、换衣服、喂饭，拉齐尼无微不至地照顾着王剑的生活起居。两个月后，王剑终于适应高原环境重新站了起来。

70 多年来，拉齐尼一家祖孙三代的足迹踏遍了帕米尔高原边防线的每一道山沟、每一条河流，他们始终坚守"不能让界碑移动哪怕1毫米"的初心，为祖国的边防安全义务巡边，被边防连官兵和当地牧民称赞为"在云端上守边护边的帕米尔雄鹰"。

巡边路上，拉齐尼总是走在最前面探路，凭着自己多年的经验多次帮助边防连官兵化险为夷。2011年冬天，拉齐尼和战士们在巡边时突遇暴雪，一名战士不慎掉进雪洞，拉齐尼脱下外套做成绳子奋力施救，将年轻的战士从死亡线上拉了回来，而他自己却冻得不省人事，在医院抢救3个小时才挽回生命。2019年冬天，有"死亡之谷"之称的吾甫浪沟卡点没有煤炭了，拉齐尼得知后，当天中午就驾车送来了煤炭，并叮嘱战士们煤炭燃烧后要及时通风，有困难要及时告诉他。

边防连官兵换了一茬又一茬，祖孙三代护边员却始终坚守在帕米尔高原，坚守在红其拉甫。

2003年，拉齐尼从部队复员回家放牧。2004年，拉齐尼入党，接

● 拉齐尼·巴依卡为
边防连官兵巡边做
向导

替父亲给边防连巡边官兵做向导，足足 16 个年头。多年下来，他落下了严重的膝关节疾病，经常疼得夜里睡不着觉。有时候疼得受不了，就在腿上缠上好几层塑料薄膜，但他从没叫过一声苦。每次出任务，他都会提前到达，用从父亲那里学到的本领，与边防连官兵一同完成巡逻任务。

　　多年下来，拉齐尼家有 10 头牦牛先后累死在巡边路上，9 头牦牛因摔伤失去了劳动能力，但他从没有要过一点补偿。拉齐尼生前曾说："我们现在的幸福生活都是党和政府给予的。现在家里跟着部队巡边的牦牛只剩 1 头了，再过 3 年，家里的这 4 头小公牦牛训练好了，就能有 5 头牦牛参加巡边了。"每天，无论刮风下雪还是风吹日晒，拉齐尼总要把自己家的牦牛牵出来练练手，为日后边防连官兵巡边使用打基础。他还经常向父亲讨教巡边路上会遇到什么困难，应该怎样避

● 拉齐尼·巴依卡（左二）与边防连官兵在巡边途中

● 拉齐尼·巴依卡在巡
边途中整理牦牛所
驮补给

免。正是这种同呼吸、共命运、心连心的军民鱼水深情，在祖国的西部边陲筑起了坚不可摧的钢铁屏障！

"这辈子要一直做一名不穿军装的边防战士，永远守好祖国的边境线。"拉齐尼生前常这样说。他把誓言刻在心头，坚守、捍卫着祖国边境的每一寸土地。

2021年2月，拉齐尼·巴依卡被评为第六批"全国岗位学雷锋标兵"；2021年3月，中宣部追授拉齐尼·巴依卡"时代楷模"称号。

活着，他用坚守高原诠释初心使命，忍受孤独保卫祖国河山；离去，他用奋不顾身践行理想信念，展现出一种英雄大义，让生命熠熠生辉。

（李凯编写）

刘虎：为了伽师那碗甜水

2020年5月20日，慕士塔格峰的冰川雪水载着伽师县人祖祖辈辈的希望和企盼，通过蜿蜒曲折的管道流入10万余户家庭，40多万各族群众从此告别了世代喝苦咸水的历史。"甜水来了！甜水来了！"当兴奋的人们奔走相告、载歌载舞庆祝时，卧病在床的他却沉默良久，欲言又止，泪水顺着黝黑的脸颊滑落，47岁的

● 刘虎（左）和他的团队成员研究改水问题

● 刘虎（左二）现场
调研

汉子，哭得像个孩子。

他，就是获得"全国脱贫攻坚楷模"荣誉称号的伽师县水利局党委副书记、局长刘虎。

伽师县地处喀什噶尔冲积平原中下游、塔里木盆地西缘，夏热冬寒，干旱少雨，年平均降水量仅有几十毫米，当地人畜饮水全靠涝坝水。为了水，这里的人们用血汗书写着在严酷环境中求生存的艰辛历史。

1995年，伽师县将寻水的目光转向地下。2005年，涝坝水终于完全退出伽师县的历史舞台，但伽师县人的改水之路远未止步。

生在伽师，长在伽师，喝着苦咸水长大的刘虎，2016年从县农业局调到水利局。早在此之前，刘虎就一直为当地的吃水问题忧心劳神。"调到水利局，我就决心带领团队把慕士塔格峰的冰川雪水引进伽师。"这着实把刘虎的同事们吓了一跳。因为人们觉得这个想法太疯狂，无异于做白日梦。可谁不渴望喝上甘甜的冰川雪水，即便

● 乡亲们喝上了甘甜
纯净的水，生活更
甜蜜

是个梦，大家也愿意跟他一起干。水源多年前就找好了，但距伽师县上百公里，要穿越 3 个县……这些困难就像利刃，割断了伽师县的引水路，也割断了伽师县人的冰川雪水梦。但刘虎没被吓倒，从喀什到乌鲁木齐，他为改水工程奔波着。2019 年 5 月，经多次论证、多方努力，伽师县城乡饮水安全工程终于开工。

65 个标段，跨越 3 个县，输水干管长 112 公里，输水支管长 167 公里，改扩建配水管网 1548 公里。这些数字对刘虎和他的团队来说，意味着"五加二""白加黑"成为工作常态。

"就是豁出命来，也要让群众喝上甘甜的安全水！"有"拼命三郎"之称的刘虎，早在 2017 年 5 月就被确诊患有肺癌，工作期间时常胸痛得满头大汗，但他一声不吭，自己去医院化疗，第二天又出现在施工工地。工程进入最紧张的工期时，刘虎每天要步行二三十公里，只为看着布下最佳管线。一天，他去卧里托格拉克村输水支管道施工现场检查，发现砌流量井的混凝土里有泥土，十分生气，当即责令拆掉重砸。他说："改水工程，容不得半点瑕疵。我们要把责任扛在肩上，干不好是罪人！"

输水管道要经过村民家枣园、瓜园，村民们不理解，刘虎就不厌其烦地解释、讲政策。村民们说，刘局长有一张"八哥嘴"——苦口婆心讲政策，有两条"飞毛腿"——挨家挨户做工作，最重要的是有一张"橡皮肚"——总是用微笑面对责难。刘虎听后笑着说："做群众工作需要耐心，宁让群众骂一阵子，也不能让他们怨咱一辈子。"这期间，刘虎带领他的团队没日没夜奔走动员，"磨破嘴皮子，跑断鞋底子"，足迹遍及管线经过的每一户人家。

2020年初，寒意未退。因担心工期，刘虎住进了总水厂。原定2月复工，但因新冠疫情影响施工人员无法如期到位而搁浅。刘虎没有等靠，向上级建议组织当地工人复工，得到支持。随即，一场举全喀什地区水利系统之力的伽师县城乡饮水安全工程建设大会战全面打响。刘虎联系施工人员，安排车辆到各个社区接人，马不停蹄送往工地。技术人员到不了现场的，就用手机视频指导……沉寂3个月的工地再次沸腾起来。这期间，医院多次打电话催刘虎去化疗，但他总推托说："等水一通，我马上就去。"以前21天就要去医院化疗一次，那段时间，他足足5个月没去。白天，他和同事们一起翻沙包、跨戈壁，走村串户，第一时间解决施工中遇到的问题；晚上，开完会回到办公室，他还要查资料、整理笔记，办公室的灯经常亮到深夜。

2020年4月下旬的一天，刘虎带人去疏附县布拉克苏乡克孜坎特村检查排除输水管线故障，等协调换好两台新水泵，故障完全

● 洁净的甜水进农家

排除时，已是凌晨 4 点。为了确保万无一失，病痛缠身的他并未回去休息，而是吃了随身带的止痛药后，拖着疲惫不堪的身子又奔向下一个巡查点。那晚，寒风刺骨，他一夜没有合眼。4 月 27 日，全县 12 个乡镇和伽师总场陆续试通水。刘虎的工作更加忙了。一天，正在总水厂调试设备的他突然接到父亲电话："虎子，啥时候回家呀？""最近可忙呢，通水后就回家。"说完他就挂了电话。3 天后，母亲又打来电话，他又匆匆说几句便将电话挂断。过了两天，刘虎妻子的电话来了："快请假回家，老爹住院了！"刘虎赶到医院，才知父亲已住院好多天了。在父亲病床前，刘虎说："伽师百姓喝的水太苦了，我们就想早一天让大家喝上甜水。"乡亲们一天喝不上甜水，刘虎的心就一天放不下来。在试通水的关键阶段，有一天刘虎突然晕倒，醒来后他不顾劝说坚持先不去医院，咬牙在施工现场又坚持了好几天。由于连续工作和治疗不及时，他的左眼彻底失明了……万众期盼的一天终于到来，原本需要 3 年才能完成的伽师县城乡饮水安全工程，在刘虎及其团队的艰苦努力下，于2020年5月20日提前完成，从此结束了伽师县人喝苦咸水的历史。

"作为一名共产党员，我希望能在最艰苦的地方工作，在工作中磨炼自己。"刘虎说。早在2017年，刘虎就带着水利局驻村工作队驻进古勒鲁克乡欧吐拉古勒鲁克村。驻村后，他带领大家为村民修渠、铺路、拉电线、改水，还想方设法帮助村民增收、脱贫。在他和驻村工作队成员的努力下，村里水、电、路等基础设施逐步完善，村容村貌焕然一新，一派各族群众凝神聚力共同致富的新气象。

心有大我，行止才有山的巍峨；至诚为民，胸怀才有海的辽阔。

2021年2月25日上午，在喀什地区第一人民医院呼吸与危重症一科病房，身卧病榻的刘虎通过手机收看远在北京召开的全国脱贫攻坚总结表彰大会。当他看到习近平总书记为"全国脱贫攻坚楷模"荣誉称号获得者颁奖时，泪水夺眶而出。此时，身患重病的他说话已经很吃力，但还是断断续续地说出了一名共产党员"脱贫攻坚、搏命为民"的心声：

"今天获得了这样一份荣誉，是党中央和人民对我最大的鼓励和肯定。能让伽师人民早日喝上甜水，一切付出都是值得的……"

（堆雪编写）

争分夺秒：一场跨越千里的 "生命接力"

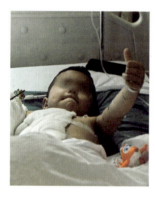

● 受伤男孩做康复训练时举手"点赞"

"我们能不能乘坐这个航班？我们来晚了，能不能把飞机叫回来？"望着已准备滑行起飞的飞机，受伤男孩的舅舅焦急地向南方航空的工作人员求助道。

2021年4月30日，和田地区和田县拉依喀乡一名7岁男孩不慎将手臂伸进拖拉机皮带轮中，造成右上肢完全断离，需立即前往乌鲁木齐进行接臂手术。手术需要在断肢再植的黄金8小时之内完成，否则细胞坏死后将无法再植。

航班紧急返回运送断臂男孩

"机组，能否将飞机拖回？接到紧急通知，一名男孩胳膊断了，必须及时赶到乌鲁木齐就医，否则胳膊就保不住了，将造成终身残疾！"

"可以！" CZ6820 航班机长汤辉忠听到这个消息，当即回复塔台，并联系南航签派员安排飞机拖回。南航和田营业处及和田机场塔台迅速将此情况反馈至上级部门。经多方紧急协调，并征得 101 名旅客的同意，南航向机组下达了"滑回廊桥，二次开门"的决定。客舱内，机组接到通知后立即分工协作。23 时 49 分，飞机滑回停机位，乘务组协调旅客预留出宽敞的空间，并准备好了冰块等物品。一场争分夺秒的"生命接力"就此展开。

4 月 30 日 23 时 54 分，负责此次航班保障任务的乘务长赵燕再次打开舱门，受伤男孩和家属在医护人员的陪同下登机。5 月 1 日零时，航班重新关闭舱门推出；9 分钟后，飞机在和田机场起飞。飞行中，乘务组安排专人照看受伤男孩，观察输液状况。受伤男孩注射了镇定

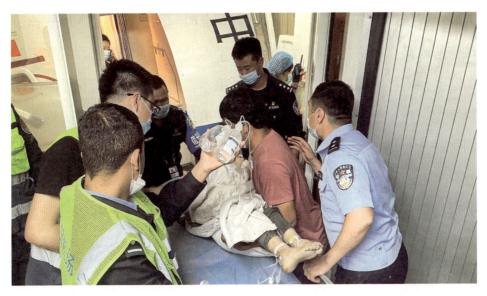

● 各方通力合作转运受伤男孩

剂，但必须保持清醒，乘务员一边用湿毛巾不停给孩子擦拭，一边鼓励道："宝贝别睡，你好勇敢，一定不要睡觉哦……"庆幸的是，飞机上正好有一名旅客是医生，一直协助乘务员一同观察孩子的状况。全体机组人员还凑了一些现金给孩子家人应急。乘务长赵燕红着眼睛安慰孩子父亲道："刚才机长让我转达您，我们会尽快把孩子安全送到乌鲁木齐。愿孩子手术成功！请您放心！"受伤男孩的父亲哽咽了，不停地用维吾尔语说着感谢的话。此刻，语言虽然不通，但情意相通。

全力以赴，只为保住孩子的胳膊

5月1日凌晨1时36分，CZ6820航班顺利抵达乌鲁木齐机场。受伤男孩在家人陪护下优先下机，早已等在停机坪的救护车立即将他们送往新疆医科大学附属中医医院。负责受伤男孩接臂手术的主刀医生黎立和其他4名同事已在医院等候多时。医院开通就诊绿色通道，专门准备了一间负压手术室，只为在黄金时间内进行手术，保住孩子的胳膊。黎立很清楚时间对实施断肢手术是多么的宝贵，在赶往医院的路上他不停地在脑海里演练着这场手术，想着怎样才能让手术时间再缩短一些。经过一系列检查后，受伤男孩顺利进入手术室，麻醉，吻合静脉，接通血管，缝合神经、肌肉……只要有一线希望，就要尽百分之百的努力。三个半小时后，第一期接臂手术顺利完成。在医护人员的共同努力下，受伤男孩手术后生命体征平稳，肢体通血正常。医院组织多学科专家全力确保孩子病体康复和肢体成活。

这场与时间赛跑，跨越1400公里，历时7个小时的生命接力赛，是一场极限时间里极限条件下的极限救援，是把对人民群众的关爱精

● 医护人员悉心照料
康复中的受伤男孩

准到每一个人，并努力做到极致的生动写照。从机组人员到医生、护士，从接送受伤男孩的救护车司机到开道护航的交警，还有来自不同行业、从事不同工作的各族党员干部群众，无怨无悔地践行着"人民至上、生命至上"的价值理念，合力完成了一场争分夺秒的"生命接力"，奏响了各族干部群众手足相亲、守望相助的新时代赞歌，书写了践行社会主义核心价值观、铸牢中华民族共同体意识的华美篇章。

（堆雪编写）

后记

"铸牢中华民族共同体意识"是习近平总书记在党的民族理论方面作出的重大原创性论断，是新时代党的民族工作的主线，是维护民族团结的基础性工程和战略性任务。"铸牢中华民族共同体意识丛书"的出版，旨在强化各族人民对中华民族的共同历史记忆和身份标识，凝聚起各族人民对中华民族共同体的归属感和认同感，铸牢各族人民团结奋斗的思想基础，构筑中华民族共有精神家园，使各民族人心归聚、精神相依，形成人心凝聚、团结奋进的强大精神纽带。

"铸牢中华民族共同体意识丛书"由新疆维吾尔自治区社会科学界联合会、新疆维吾尔自治区社会科学院共同编写，徐锐军、丁守庆主持编写并统稿。本丛书在策划、撰稿、编辑、出版过程中，得到了各位作者和有关单位的大力支持。新疆维吾尔自治区社会科学院赵妤、刘国防对书稿进行了审定,田卫疆为各册撰写了导言,均为本丛书的出版付出了心血与努力。中共新疆维吾尔自治区委员会统一战线工作部、新疆维吾尔自治区文博院、新疆维吾尔自治区档案馆、中共新疆生产建设兵团委员会宣传部、塔里木大学等单位和地州市社会科学界联合会,对本丛书的编写也给予了支持和帮助。在此一并表示诚挚谢意!

"铸牢中华民族共同体意识丛书"在参考已有文献资料基础上编写而成。由于时间紧迫,编者水平有限,书中难免存在不足之处,欢迎广大读者提出宝贵意见。因时间仓促,部分文字资料作者、图片摄影者未能取得联系,敬请见谅。有关作者见到本丛书后,请及时与编者联系,以便按相关规定支付稿酬。

本丛书编写组
2023 年 11 月